日本語能力試験対策問題集

JLPT 読解 N5

ポイント&プラクティス

福岡理恵子・清水知子・熊田道子 著

スリーエーネットワーク

Published by 3A Corporation.
Trusty Kojimachi Bldg., 2F, 4, Kojimachi 3-Chome, Chiyoda-ku, Tokyo 102-0083, Japan

ISBN978-4-88319-917-4 C0081

First published 2023
Printed in Japan

はじめに

「JLPT ポイント&プラクティス」 シリーズ

日本語能力試験（Japanese-Language Proficiency Test）は、日本語を母語としない人の日本語能力を測定し認定する試験です。日本語の能力を証明する手段として、進学・就職・昇給昇格・資格認定など様々な場面で活用されており、日本語能力試験合格は多くの学習者の目標になっています。

日本語能力試験は2010年に、受験者やその目的の多様化、活用の場の広がりなどを受けて、「課題遂行のための言語コミュニケーション能力」を測る試験として内容が大きく変わりました。しかし、膨大な言語知識を学び、その運用力を高めることは簡単ではありません。中でも非漢字圏の出身者や、勉強時間の確保が難しい人にとっては、合格までの道のりは非常に困難なものであることが少なくありません。

本シリーズは、受験者の皆さんが、試験に必要な最低限の力を短期間で身につけ、合格に近づけるよう考えられた対策問題集です。厳選された学習項目について問題を解きながら理解を深め、力をつけることを目指します。

本書では、N5レベルの「読解」を学びます。

本書の特長

①実際の試験と同じ形式の問題を練習できる。

②答えを見つけるためのポイントが学べる。

③解説（別冊）の図解と翻訳を見れば、独習でも効率的に学習できる。

「JLPTでは読解が一番心配だ」という声をよく聞きます。このテキストを手に取った人の中には、日本語の文章をほとんど読んだことがない人もいるでしょう。また、JLPTの試験がどんな形式なのか知らない人もいるでしょう。どうぞご心配なく！　本書では、忍者の学生たちや先生と一緒に、日本語の文章の読み方や問題の解き方を、楽しく学んでいきます。テキストで勉強を進めていくうちに、日本語の文章を読むことに慣れ、「答え」を正しく速く見つける力が身につきます。別冊の解説にはわかりやすい図解と翻訳もついていて、一人でも効率的に学べます。本書がみなさまのお役に立ちましたら、幸いです。

2023年5月　著者

目次《もくじ》

問題《もんだい》パート　Questions part　试题篇　Phần câu hỏi

日本語能力試験《にほんごのうりょくしけん》 N5「読解《どっかい》」の紹介《しょうかい》

●試験《しけん》のレベル

初級《しょきゅう》 N5 N4 N3 N2 N1 上級《じょうきゅう》

日本語能力試験《にほんごのうりょくしけん》は、N5～N1 の 5 レベルです。

N5 は、「基本的《きほんてき》な日本語《にほんご》をある程度理解《ていどりかい》することができる」かどうかを測《はか》ります。

● N5 の試験科目《しけんかもく》と試験時間《しけんじかん》

科目《かもく》	言語知識《げんごちしき》（文字《もじ》・語彙《ごい》）	言語知識《げんごちしき》（文法《ぶんぽう》）・読解《どっかい》	聴解《ちょうかい》
時間《じかん》	20 分《ぷん》	40 分《ぷん》	30 分《ぷん》

● N5 の「読解《どっかい》」問題《もんだい》

	大問《だいもん》	小問数《しょうもんすう》	ねらい
1	内容理解《ないようりかい》（短文《たんぶん》）	2	学習《がくしゅう》・生活《せいかつ》・仕事《しごと》に関連《かんれん》した話題《わだい》・場面《ばめん》の、やさしく書《か》き下《お》ろした 80 字程度《じていど》のテキストを読《よ》んで、内容《ないよう》が理解《りかい》できるかを問《と》う
2	内容理解《ないようりかい》（中文《ちゅうぶん》）	2	日常的《にちじょうてき》な話題《わだい》・場面《ばめん》を題材《だいざい》にやさしく書《か》き下《お》ろした 250 字《じ》程度《ていど》のテキストを読《よ》んで、内容《ないよう》が理解《りかい》できるかを問《と》う
3	情報検索《じょうほうけんさく》	1	案内《あんない》やお知《し》らせなど書《か》き下《お》ろした 250 字程度《じていど》の情報素材《じょうほうそざい》の中《なか》から必要《ひつよう》な情報《じょうほう》を探《さが》し出《だ》すことができるかを問《と》う

「小問数《しょうもんすう》」は毎回《まいかい》の試験《しけん》で出題《しゅつだい》される小問数《しょうもんすう》の目安《めやす》で、実際《じっさい》の試験《しけん》での出題数《しゅつだいすう》は多少異《たしょうこと》なる場合《ばあい》があります。また、「小問数《しょうもんすう》」は変更《へんこう》される場合《ばあい》があります。

● N5の得点区分《とくてんくぶん》と合否判定《ごうひはんてい》

得点区分《とくてんくぶん》	得点《とくてん》の範囲《はんい》	基準点《きじゅんてん》	合格点《ごうかくてん》／総合得点《そうごうとくてん》
言語知識《げんごちしき》（文字《もじ》・語彙《ごい》・文法《ぶんぽう》）・読解《どっかい》	0 ～ 120点《てん》	38点《てん》	80点《てん》／180点《てん》
聴解《ちょうかい》	0 ～ 60点《てん》	19点《てん》	

総合得点《そうごうとくてん》は180点《てん》で、80点以上《てんいじょう》で合格《ごうかく》です。ただし、「言語知識《げんごちしき》（文字《もじ》・語彙《ごい》・文法《ぶんぽう》）・読解《どっかい》」「聴解《ちょうかい》」の得点区分《とくてんくぶん》でそれぞれ38点以上《てんいじょう》、19点以上必要《てんいじょうひつよう》です。総合得点《そうごうとくてん》が80点以《てんい》上《じょう》でも、「言語知識《げんごちしき》（文字《もじ》・語彙《ごい》・文法《ぶんぽう》）・読解《どっかい》」で37点以下《てんいか》、または「聴解《ちょうかい》」で18点以《てんい》下《か》だと不合格《ふごうかく》です。

日本語能力試験公式《にほんごのうりょくしけんこうしき》ウェブサイト（https://www.jlpt.jp/）より抜粋《ばっすい》

詳《くわ》しい試験《しけん》の情報《じょうほう》は、日本語能力試験公式《にほんごのうりょくしけんこうしき》ウェブサイトでご確認《かくにん》ください。

この本《ほん》をお使《つか》いになる方《かた》へ

1. 目的《もくてき》

読解問題《どっかいもんだい》のポイントを理解《りかい》し、試験合格《しけんごうかく》に必要《ひつよう》な最低限《さいていげん》の力《ちから》を身《み》につけることです。

2. 構成《こうせい》

①本冊《ほんさつ》

●問題《もんだい》パート

1回目《かいめ》～4回目《かいめ》：短文《たんぶん》に挑戦《ちょうせん》！

1回目《かいめ》と2回目《かいめ》では「説明文《せつめいぶん》や体験文《たいけんぶん》」を、3回目《かいめ》と4回目《かいめ》では「メール・メモ・お知《し》らせ」を読《よ》む練習《れんしゅう》をします。それぞれの回《かい》は、「短文《たんぶん》」3題《だい》で構成《こうせい》されています。

5回目《かいめ》～9回目《かいめ》：中文《ちゅうぶん》に挑戦《ちょうせん》！

「中文《ちゅうぶん》」と「短文《たんぶん》」をセットにして1回《かい》としました。「中文《ちゅうぶん》」では、少《すこ》し長《なが》めの文章《ぶんしょう》を読《よ》む練習《れんしゅう》をします。

10回目《かいめ》～12回目《かいめ》：情報検索《じょうほうけんさく》に挑戦《ちょうせん》！

「情報検索《じょうほうけんさく》」では、必要《ひつよう》な情報《じょうほう》は何《なに》か、どこに書《か》かれているのかを読《よ》み取《と》る練習《れんしゅう》をします。

※ジャンルごとのポイントをわかりやすく示《しめ》すため、次《つぎ》の回《かい》には例題《れいだい》と解説《かいせつ》をつけました。

・1回目《かいめ》：説明文《せつめいぶん》
・2回目《かいめ》：体験文《たいけんぶん》
・3回目《かいめ》：メール・メモ・お知《し》らせ
・5回目《かいめ》：中文《ちゅうぶん》
・10回目《かいめ》：情報検索《じょうほうけんさく》

●模擬試験《もぎしけん》（1回分《かいぶん》）

実際《じっさい》の試験《しけん》と同《おな》じ形式《けいしき》の問題《もんだい》です。どのぐらい力《ちから》がついたか、確認《かくにん》できます。

②別冊《べっさつ》

●解答《かいとう》・解説《かいせつ》（翻訳《ほんやく》つき）

正答《せいとう》を示《しめ》し、誤答選択肢《ごとうせんたくし》の多《おお》くにも説明《せつめい》をつけました。次《つぎ》に、正解《せいかい》に至《いた》るまでの道筋《みちすじ》を、わかりやすく図解《ずかい》しました。読解《どっかい》に役立《やくだ》つ「文法《ぶんぽう》・表現《ひょうげん》」もピックアップしてあります。

3. 表記《ひょうき》

問題《もんだい》パートではN5レベルの漢字《かんじ》と思《おも》われるものは漢字表記《かんじひょうき》にしました。ただし、N4レベル以上《いじょう》の漢字《かんじ》でも、著者《ちょしゃ》らの判断《はんだん》で漢字《かんじ》のほうが読《よ》みやすいと思《おも》われたものは、漢字《かんじ》表記《ひょうき》にしてあります。別冊《べっさつ》の解答《かいとう》・解説《かいせつ》では、基本的《きほんてき》に常用漢字表《じょうようかんじひょう》（2010年《ねん》11月《がつ》）にあるものは漢字表記《かんじひょうき》にしました。漢字《かんじ》には全《すべ》てふりがなをつけました。

4. 独習《どくしゅう》の進《すす》め方《かた》

どこから始《はじ》めても構《かま》いませんが、1回目《かいめ》から順《じゅん》に進《すす》めると、ポイントを理解《りかい》しながら、無理《むり》なく学習《がくしゅう》できます。

●例題《れいだい》のページを確認《かくにん》する

1回目《かいめ》・2回目《かいめ》・3回目《かいめ》・5回目《かいめ》・10回目《かいめ》には、「忍者先生《にんじゃせんせい》」がジャンルごとのポイントを説明《せつめい》するページがついています。

・最初《さいしょ》に　（黒板《こくばん》）に書《か》いてあることを読《よ》み、それぞれの文章《ぶんしょう》を読《よ》む時《とき》に、何《なに》に気《き》をつけなければいけないのか確認《かくにん》してください。
・次《つぎ》に、例題《れいだい》を読《よ》んで**問《と》い**の答《こた》えを考《かんが》えてください。
・その後《あと》で、**考《かんが》え方《かた》**をよく見《み》て、解《と》き方《かた》のコツをつかみます。
・最後《さいご》の　（巻物《まきもの》）の中《なか》には、読解問題《どっかいもんだい》を解《と》く時《とき》に大切《たいせつ》なことが書《か》かれていますので、しっかり覚《おぼ》えるようにしましょう。

●練習問題《れんしゅうもんだい》を解《と》く

本文《ほんぶん》を読《よ》む時《とき》には、わからない言葉《ことば》があっても、すぐに辞書《じしょ》をひかないようにしましょう。「たぶん、こんな内容《ないよう》だろう」と予測《よそく》しながら読《よ》み、解答《かいとう》することが大切《たいせつ》です。そして、問題《もんだい》に解答《かいとう》した後《あと》で、別冊《べっさつ》を見《み》て正答《せいとう》を確認《かくにん》してください。別冊《べっさつ》には、「どこに正解《せいかい》の根拠《こんきょ》があるのか」がわかるように解答《かいとう》への道筋《みちすじ》が図解《ずかい》してあります。解説《かいせつ》を理解《りかい》したら、最後《さいご》に、読《よ》んでいてわからなかった表現《ひょうげん》なども調《しら》べて確認《かくにん》するとよいでしょう。

①例題《れいだい》のページでそれぞれの回《かい》のポイントを知《し》る→②問題《もんだい》を解《と》く（辞書《じしょ》はできるだけ使《つか》わない）→③正答《せいとう》を確認《かくにん》する→④解説《かいせつ》を読《よ》んで理解《りかい》する→⑤重要表現《じゅうようひょうげん》や、読《よ》んでいてわからなかった表現《ひょうげん》を覚《おぼ》える

この繰《く》り返《かえ》しで、読《よ》む力《ちから》がついていきます。慣《な》れてきたら、解答《かいとう》にかかった時間《じかん》も測《はか》ってみましょう。問題《もんだい》を解《と》く時《とき》は、短文《たんぶん》は3分以内《ぶんいない》、中文《ちゅうぶん》は9分以内《ふんいない》、情報検索《じょうほうけんさく》は6分以内《ぶんいない》を目安《めやす》に取《と》り組《く》んでみてください。

For users of this book

1. Purpose

To provide the minimum necessary skills for understanding the points of reading comprehension questions and passing the Japanese Language Proficiency Test.

2. Structure

① Main textbook

● Questions part

Lessons One to Four: Taking on Short Passages!

In Lessons One and Two, you will practice reading "Written Explanations and Experience Passages," while in Lessons Three and Four, you will practice reading "Emails, Notes and Notifications." Each lesson consists of three "short passages."

Lessons Five to Nine: Taking on Mid-Size Passages!

"Mid-Size Passages" and "Short Passages" are paired together in each lesson. In "Mid-Size Passages," you will practice reading slightly longer texts.

Lessons Ten to Twelve: Taking on Information Retrieval!

In "Information Retrieval," you will practice working out what the most important information is and where it is written.

*To make it easier to understand the points covered in each genre, example questions and explanations have been added to the following lessons.

・Lesson One: Written Explanations

・Lesson Two: Experience Passages

・Lesson Three: Emails, Notes and Notifications

・Lesson Five: Mid-Size Passages

・Lesson Ten: Information Retrieval

● Mock Test (One test)

The questions will be in the same format as those you will face in the actual exam. You can confirm just how much you have learned.

② Annex

● Answers and explanations (with translations)

This book shows the correct answers, and also has explanations to many of the incorrect answers. Next, the book illustrates how to get to the correct answer in an easy-to-understand manner. It also selects "Grammar and Expressions" that are useful for reading comprehension.

3. Orthography

In the "Questions part," words that can be written with kanji considered to be N5 level are written using kanji. However, some kanji that are N4 level or above are also written using kanji if the authors judge that they are easier to read in kanji. In Annex: Answers and Explanations, in principle, words that can be written with kanji characters on the national list of Chinese characters in common use (November 2010 edition) are written using kanji. Furigana are added to all of the kanji.

4. Promoting self-study

You can start studying from any point in the book. However, if you study the lessons in order, starting from Lesson One, you will be able to study more easily while understanding each point.

Checking the example question pages

Lesson One, Lesson Two, Lesson Three, Lesson Five and Lesson Ten each have pages in which "Ninja Sensei" explains the points for each genre.

・First, read what is written on the (Blackboard), and confirm any points you need to be especially careful of when reading each text.

・Next, read each example question, and think about what the question (問《と》い) is asking.

・Next, read the 考《かんが》え方《かた》 (Approach) carefully to get hints on how to solve the question.

・Important things for solving the reading comprehension questions are written in the (Handscroll) section at the end, so make sure to learn them carefully.

Solving the practice questions

When reading the texts, try not to immediately reach for a dictionary when you come across words you do not understand. It is important to read the text and answer the questions while trying to predict that "this content probably means this." Then, after you have answered the question, you can check the correct answer in the Annex. In the Annex, illustrations guide you to the solution while showing you where the evidence is. Finally, after carefully reading and understanding the explanations in the Annex, it is a good idea to research and confirm the phrases you could not understand when reading the text.

① See the points for each lesson on each example question page → ② Answer the questions (try not to use a dictionary as much as possible) → ③ Confirm the correct answer → ④ Read and understand the explanation → ⑤ Learn key expressions and expressions you read but did not understand

Repeating this process will improve your reading ability. Once you have become familiar with this process, try to also gauge the time it takes you to answer. When answering the questions, try to finish within roughly three minutes for short passages, nine minutes for mid-size passages, and six minutes for information retrieval.

致本书使用者

1. 编写目的

理解阅读考试的答题要点、具备通过考试所需的最低限度的能力。

2. 内容结构

①本册

●试题篇

第 1 课到第 4 课：挑战短篇阅读！

在第 1 课和第 2 课练习阅读“说明文和记叙文”，在第 3 课和第 4 课练习阅读“邮件・留言条・通知”。每课包含三篇短篇阅读文章。

第 5 课到第 9 课：挑战中篇阅读！

每课都包含“中篇阅读”和“短篇阅读”。在“中篇阅读”中练习阅读稍长的文章。

第 10 课到第 12 课：挑战信息检索！

在“信息检索”中，练习阅读理解需要寻找的信息是什么，存在于文章的何处。

※ 为了浅显易懂地讲解各类文章的阅读要点，在以下各课设有例题和解析。

・第 1 课：说明文

・第 2 课：记叙文

・第 3 课：邮件・留言条・通知

・第 5 课：中篇阅读

・第 10 课：信息检索

●模拟题（1 回）

模拟题与正式考试题型完全相同，学习者可以检测一下自己的能力水平。

②别册

●答案・解析（附有译文）

正确答案和大多数的干扰选项都附有解析。然后以图解的形式浅显易懂地列明了如何找到正确答案的解题过程。还筛选出了阅读中有用的“语法项目・词语”。

3. 书写规则

试题篇中 N5 级应该掌握的汉字是用汉字书写的。但是即使是 N4 级以上的汉字，作者认为用汉字书写更容易理解的地方也是用汉字书写的。别册的答案・解析中，“常用汉字列表（2010 年 11 月版）”范围内的汉字，本书基本上都用汉字书写。所有汉字上面都标注了读音假名。

4. 自学学习方法

虽然从任何一课开始学习都是可以的，但是如果从第 1 课开始按照顺序学习的话，就可以理解阅读要点的同时轻松地掌握学习内容。

学习例题页

在第 1 课、第 2 课、第 3 课、第 5 课、第 10 课设置了“忍者老师”讲授各种类型文章阅读要点的页面。

・首先阅读 （黑板）上写的内容，记住阅读各种类型文章时必须要注意什么。

・其次阅读例题，思考 問《と》い（问题）的答案。

・然后认真阅读 考《かんが》え方《かた》（解题思路），掌握解题诀窍。

・最后一步， （卷轴）中写明了做阅读理解题时的重要事项，一定要牢牢记住。

做练习

在阅读过程中，即使遇到不认识的单词也不要马上查字典。自己推测一下“大概是这个意思吧”继续阅读答题，这样做很重要。然后，答完题后再翻阅别册核对正确答案。在别册中以图解的形式，对“如何寻找正确答案的依据”这一解题过程做了浅显易懂的讲解。最好是在仔细阅读并理解解析的内容之后，再最后查阅不认识的词语。

①在例题页掌握各课的学习要点→②答题（尽量不要使用字典）→③核对答案→④阅读并理解解析的内容→⑤记住重要的或者自己尚未掌握的表达方式

反复重复这样的练习，就可以掌握阅读能力。熟悉练习流程之后试着测试一下答题所需的时间吧。努力把答题时间控制在目标时间范围内吧，即短篇阅读 3 分钟以内，中篇阅读 9 分钟以内，信息检索 6 分钟以内。

Dành cho người dùng sách này

1. Mục đích

Hiểu được điểm chính của câu hỏi Đọc hiểu, đạt được năng lực tối thiểu cần thiết để thi đậu.

2. Cấu trúc

① Sách chính

● Phần câu hỏi

Lần 1 - 4: Thử sức với văn bản ngắn!

Bạn sẽ tập đọc "Văn bản giải thích và Văn bản về trải nghiệm" ở lần 1 và lần 2, "Thư điện tử, Ghi chú, Thông báo" ở lần 3 và lần 4. Mỗi lần gồm 3 bài tập "văn bản ngắn".

Lần 5 - 9: Thử sức với văn bản trung bình!

"Văn bản trung bình" và "Văn bản ngắn" được kết hợp vào trong 1 lần. Với "Văn bản trung bình", bạn sẽ luyện đọc đoạn văn tương đối dài.

Lần 10 - 12: Thử sức với tìm kiếm thông tin!

Với "Tìm kiếm thông tin", bạn sẽ luyện đọc hiểu để xem thông tin cần thiết là gì, được đề cập ở chỗ nào.

※ Để trình bày những điểm chính của từng loại văn bản cho dễ hiểu, sách có phần bài tập mẫu và giải thích ở những lần sau đây:

Lần 1: Văn bản giải thích

Lần 2: Văn bản về trải nghiệm

Lần 3: Thư điện tử, Ghi chú, Thông báo

Lần 5: Văn bản trung bình

Lần 10: Tìm kiếm thông tin

● Bài thi thử (1 lần)

Bài thi thử có cùng dạng thức với bài thi thật. Bạn có thể kiểm tra xem mình đạt được năng lực đến đâu.

② Phụ lục

● Đáp án và giải thích đáp án (kèm bản dịch)

Phần này in đáp án và giải thích phần lớn các lựa chọn sai. Tiếp theo đó là lộ trình dẫn đến câu trả lời đúng được thể hiện một cách dễ hiểu bằng sơ đồ. Các mẫu "Ngữ pháp / Diễn đạt" hữu ích cho đọc hiểu cũng được chọn ra để in ở đây.

3. Ký tự

Ở phần câu hỏi, chúng tôi ghi những Hán tự thuộc trình độ N5 bằng Hán tự. Tuy vậy, ở những chỗ dù là Hán tự trình độ N4 trở lên nhưng nhóm tác giả cho rằng ghi bằng Hán tự sẽ dễ đọc hơn thì vẫn được ghi bằng Hán tự. Ở phần đáp án và giải thích đáp án trong Phụ lục, về cơ bản, những chữ có trong bảng Hán tự thông dụng (11/2010) được ghi bằng Hán tự. Toàn bộ Hán tự đều được phiên âm.

4. Cách tự học

Bạn có thể bắt đầu từ bất kỳ chỗ nào, nhưng nếu đi theo thứ tự từ lần 1 đến hết thì sẽ vừa học vừa hiểu được các điểm chính một cách dễ dàng.

Kiểm tra trang bài tập mẫu

Ở lần 1, 2, 3, 5, 10 có trang giải thích điểm chính của loại văn bản tương ứng từ "thầy giáo ninja".

・Trước tiên bạn hãy đọc nội dung ghi trên (bảng đen) và nhận định xem mình sẽ cần lưu ý những gì khi đọc từng văn bản.
・Tiếp theo, đọc bài tập mẫu rồi suy nghĩ câu trả lời cho 問《と》い (câu hỏi).
・Sau đó, xem kỹ mục 考《かんが》え方《かた》 (cách suy luận) để nắm được cách giải.
・Hãy ghi nhớ kỹ điểm quan trọng khi giải đề đọc hiểu được ghi trong (cuộn giấy) ở cuối trang.

Giải câu hỏi luyện tập

Sau khi xem lại những điểm này, bạn hãy tiến hành giải đề. Trong lúc đọc văn bản, dù có từ nào không hiểu cũng đừng tra tự điển ngay. Bạn nên vừa đọc vừa đoán nghĩa của chúng rồi trả lời câu hỏi. Sau khi giải bài tập, bạn hãy xem phần Phụ lục và kiểm tra đáp án. Trong Phụ lục có sơ đồ về đường dẫn tới câu trả lời đúng nhằm giúp bạn hiểu rõ "căn cứ vào đâu mà có đáp án như thế này". Cuối cùng, sau khi đã đọc và hiểu phần giải thích đó rồi thì bạn có thể tra cứu những từ ngữ chưa biết khi đọc văn bản lúc nãy để xác nhận lại.

① Biết điểm chính của mỗi lần thông qua trang bài tập mẫu → ② Giải đề (tránh dùng tự điển) → ③ Kiểm tra đáp án → ④ Đọc và hiểu phần giải thích đáp án → ⑤ Ghi nhớ mẫu câu quan trọng hoặc chưa hiểu lúc đọc

Cứ lặp đi lặp lại như thế, năng lực đọc hiểu của bạn sẽ tăng dần. Khi đã quen với các bước này rồi thì hãy thử canh thời gian làm bài. Bạn hãy thử luyện tập sao cho thời gian giải bài không vượt quá 3 phút nếu là văn bản ngắn, 9 phút nếu là văn bản trung bình và 6 phút cho dạng bài tìm kiếm thông tin.

この本をお使いになる先生へ

読解の授業を担当される際、何を教えればいいのか迷われている先生は多いのではないかと思います。文法や語彙と異なり、教えるべきポイントが明確でないと悩んでいらっしゃるかもしれません。そこで本書では、別冊に図解を掲載し、正解に至る道筋を示しました。解法の図解を参照することで、読解問題を教える際に、どのような点に気をつければいいかわかるようになっています。文章を読む時に何に気をつけるべきか、学習者に意識させることによって、学習者には日本語能力試験の合格を目指すだけではなく、読解力も身につけてほしいと考えています。

1.教室授業の進め方、学習時間

●本書は１回分を１回の授業で学習することをイメージし、各回でターゲットとする学習項目が定めてあります。

●日本語能力試験の実践練習として、設定時間内に教室で問題を解かせる、予習を課して教室では解説を中心に行うなど、状況に応じて様々な使い方が可能です。

●日本語能力試験のための実践練習として解答時間を設定したい場合には、「短文」３分、「中文」９分、「情報検索」６分を目安としてください。

●本書はページ順に学習していただくことを想定していますが、各回で独立した構成になっていますので、順番を変更しても学習が可能です。ただし、５回目～９回目の「中文に挑戦！」は１回目～４回目の応用になっていますので、１回目～４回目の学習後にしていただく方が効果的です。

●授業の進め方の一例：例題がある回は、問題を解く前に、まず例題でポイントを示します。次に、時間を決めて問題を解かせ、正答を確認します。その後、別冊を参考に正答への道筋を解説します。最後に正答以外がなぜ誤答になるのか確認します。

2.教える時のポイント

2－1．本冊について

●１回の授業で、無理に各回の問題を全て解く必要はありません。授業で扱えなかった問題は宿題にするなど、授業の進行や学習者に合わせてお使いください。

●１回目・２回目・３回目・５回目・10回目では、各回で扱う文章のポイントや解き方を、イラストや例題を使用し、視覚的にわかりやすくまとめてあります。最初に（黒板）部分に書いてあることを読み、あるジャンルの文章を読む時に、何に気をつけなければいけないのかを共有してください。次に、例題を読んで **問《と》い**（問題）を解きます。解いた後に、**考《かんが》え方《かた》** を見ながら、その回のポイントを意識させてください。最後の（巻物）の中にも、読解問題を解く時に大切なことが書かれているので、必ず確認させましょう。

●「短文」では「説明文」「体験文」「メール・メモ・お知らせ」といったジャンルごとに、何に注目して読むのかを意識させることが大切です。

●「中文」でも、短文で学んだ読み方のポイントは共通します。文章が長い分、段落間の関係など全体の流れをつかむ大切さに気づかせましょう。

●「情報検索」は、設問で何が問われているのかを確認し、どこに注目しながらスキャニングを行うべきか、学習者に意識させるといいでしょう。

2－2．別冊（解答・解説）について

●本書は解説部分を充実させています。解説には翻訳がついています。

●最初に正答を示し、誤答の選択肢には、なぜ誤答になるのか詳しい説明をつけました。正答だけではなく誤答となる理由にも目を向けさせてください。

●「問いの文」を取り上げ、何を問われているのかをわかりやすく示してあります。これは、N5レベルの学習者は「問いの文」の読み取りが難しい場合があるためです。「問いの文」で何を問われているのか、確認させることも必要です。

●「問いの文」の答えとなる部分を、本文から抜き出し、視覚的にわかりやすく内にまとめました。解答を導く際に、どの部分に着目すべきかをご指導ください。

●❖**文法・表現**には、押さえておきたい文法や表現を載せてあります。適宜取り上げ、説明してください。

このシリーズでは、学習《がくしゅう》に合《あ》わせて、忍者《にんじゃ》と一緒《いっしょ》に日本各地《にほんかくち》を旅《たび》します。「文法《ぶんぽう》」「文字《もじ》・語彙《ごい》」「読解《どっかい》」「聴解《ちょうかい》」を合《あ》わせて学習《がくしゅう》することで、日本一周《にほんいっしゅう》ができます。

「読解《どっかい》」では「九州《きゅうしゅう》・沖縄地方《おきなわちほう》」を旅《たび》します。

In this series, you will travel around Japan with a ninja as you learn. You can go around Japan as you study “grammar,” “vocabulary,” “reading” and “listening.”

With the “reading,” you will travel to the Kyushu and Okinawa region.

在本系列丛书，伴随着学习，大家和忍者一起到日本各地旅行。学完“语法”“文字・词汇”“阅读”“听力”可以游遍全日本。

在“阅读”单册到“九州・冲绳地区”旅行。

Trong bộ sách này, bạn sẽ được cùng ninja đi du lịch các nơi trên nước Nhật tương ứng với việc học của mình. Bằng việc học đủ “Ngữ pháp”, “Từ vựng”, “Đọc hiểu”, “Nghe hiểu”, bạn sẽ được đi vòng quanh Nhật Bản.

Trong sách “Đọc hiểu”, ninja sẽ chu du “khu vực Kyushu và Okinawa”.

問題《もんだい》パート

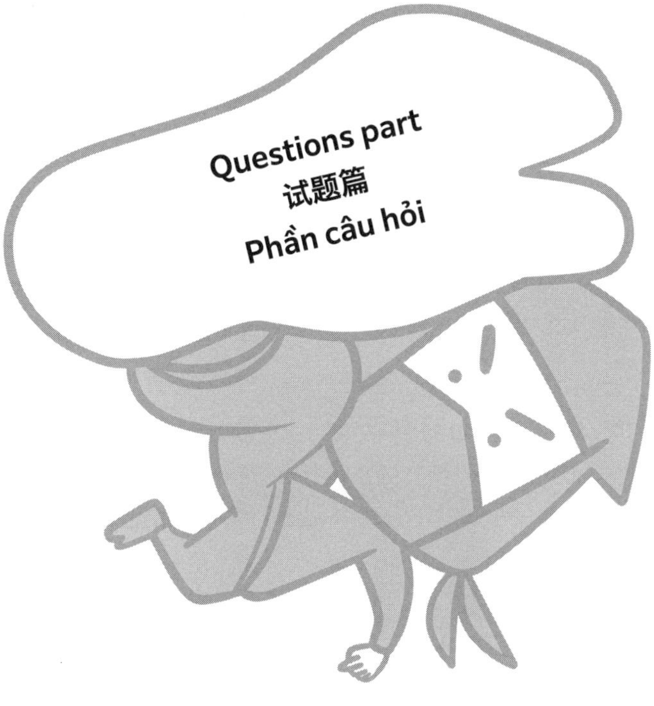

1 回目

短文《たんぶん》に挑戦《ちょうせん》！

Taking on Short Passages!
挑战短篇阅读！
Thử sức với văn bản ngắn!

説明文《せつめいぶん》や体験文《たいけんぶん》（1）

Written Explanations and Experience Passages (1)
说明文和记叙文（1）
Văn bản giải thích và Văn bản về trải nghiệm (1)

- どんな人《ひと》ですか
- どんな物《もの》ですか
- どこにありますか

・What kind of person is it?　・What kind of object is it?
・Where is it?
・是什么样的人？　・是什么样的东西？　・在哪里？
・Là người như thế nào?　・Là vật như thế nào?　・Ở đâu?

説明文《せつめいぶん》では
こんなところに
気《き》をつけよう！

When reading written explanations, pay attention to the following!
阅读说明文时的注意事项！
Lưu ý những chỗ này trong văn bản giải thích!

■例題《れいだい》

にんたさんと　にん子《こ》さんは、にんじゃ学校《がっこう》の　学生《がくせい》です。にんたさんは1年生《ねんせい》です。おかしが　だいすきな　男《おとこ》の子《こ》です。にん子《こ》さんは　3年生《ねんせい》です。うたが　じょうずな　女《おんな》の子《こ》です。

問《と》い　にん子《こ》さんは　どんな　人《ひと》ですか。

考《かんが》え方《かた》

◆「にん子《こ》さん」について書《か》かれているところを［　　］と＿＿＿でマークすると、よくわかります。

にんたさんと　［にん子《こ》さん］は、にんじゃ学校《がっこう》の　学生《がくせい》です。にんたさんは

1年生《ねんせい》です。おかしが　だいすきな　男《おとこ》の子《こ》です。［にん子《こ》さん］は　3年生《ねんせい》です。

［にん子《こ》さん］は
↑うたが　じょうずな　女《おんな》の子《こ》です。

あ！　ここにも「にん子《こ》さん」が隠《かく》れていますよ！

Watch out! "にん子さん" is hiding here, too!
啊！这里也隐藏着"にん子さん"这个词。
A! "にん子さん" nằm ẩn ở đây nữa nè!

答《こた》え　にん子《こ》さんは
・にんじゃ学校《がっこう》の　３年生《ねんせい》です。
・うたが　じょうずな　女《おんな》の子《こ》です。

「隠《かく》れている言葉《ことば》」に注意《ちゅうい》！
Watch out for “hidden words”!
注意“隐藏的词语”！
Chú ý “từ ẩn giấu” nhé!

◆隠《かく》れている言葉《ことば》＝省略《しょうりゃく》

日本語《にほんご》の文《ぶん》は「省略《しょうりゃく》」が多《おお》いです。
文《ぶん》の中《なか》に「誰《だれ》が（主語《しゅご》）」「何《なに》を（目的語《もくてきご》）」などがない時《とき》は、前《まえ》の文《ぶん》から探《さが》しましょう。

◆ Hidden words = omissions
Omissions are common in Japanese sentences. When a sentence doesn’t have information such as “who (the subject),” or “what (the object),” you should start by looking for this information in the previous sentences.
◆ 隐藏的词语＝省略
日语句子中经常有“省略”。如果句子中缺少了“谁（主语）”“什么（宾语）”，要去前文中寻找。
◆ Từ ẩn giấu = được lược bỏ
Câu văn tiếng Nhật thường có nhiều “chỗ được lược bỏ”. Khi trong câu không có “ai (chủ ngữ)”, “cái gì (tân ngữ)” v.v. thì hãy tìm chúng trong câu đứng trước.

もんだい　つぎの　(1) から　(3) の　ぶんしょうを　読《よ》んで、しつもんに　こたえて　ください。

(1)

わたしの　いえに　犬《いぬ》が　２ひき　います。くろい　犬《いぬ》と　白《しろ》い　犬《いぬ》です。白《しろ》い　犬《いぬ》は　小《ちい》さくて、かわいいですが、おじいさんです。くろい　犬《いぬ》は　大《おお》きくて、わかいです。さんぽの　時《とき》、白《しろ》い　犬《いぬ》の　後《うし》ろを　ゆっくり　あるきます。やさしい　犬《いぬ》です。

問《と》い　「わたし」の　いえには　どんな　犬《いぬ》が　いますか。

1　くろくて、やさしい　犬《いぬ》
2　白《しろ》くて、大《おお》きい　犬《いぬ》
3　大《おお》きくて、かわいい　犬《いぬ》
4　小《ちい》さくて、わかい　犬《いぬ》

(2)

わたしは　毎週《まいしゅう》　ケーキを　買《か》います。学校《がっこう》の　そばの　店《みせ》が　安《やす》くて、おいしいですから、よく　行《い》きます。駅《えき》の　前《まえ》の　店《みせ》には　行《い》きません。うちから　ちかくて、ゆうめいですが、高《たか》いです。

問《と》い　「わたし」は　どんな　店《みせ》へ　よく　行《い》きますか。

1　ゆうめいな　店《みせ》
2　うちから　ちかい　店《みせ》
3　学校《がっこう》の　そばの　店《みせ》
4　駅《えき》の　前《まえ》の　店《みせ》

(3)

わたしは　よく　東《ひがし》としょかんで　べんきょうします。東《ひがし》としょかんは東《ひがし》こうえんの　中《なか》に　あります。こうえんの　入口《いりぐち》から　あるいて　3分《ぷん》です。ひろい　としょかんです。となりは　コンビニで、ペンや　ノートも　うっています。

問《と》い　東《ひがし》としょかんは　どんな　としょかんですか。

1　こうえんの　中《なか》の　としょかん

2　入口《いりぐち》が　ひろい　としょかん

3　コンビニまで　とおい　としょかん

4　ペンなども　うって　いる　としょかん

2 回目

短文《たんぶん》に挑戦《ちょうせん》！

Taking on Short Passages!
挑战短篇阅读！
Thử sức với văn bản ngắn!

説明文《せつめいぶん》や体験文《たいけんぶん》（2）

Written Explanations and Experience Passages (2)
说明文和记叙文（2）
Văn bản giải thích và Văn bản về trải nghiệm (2)

・誰《だれ》が何《なに》をしますか／しましたか

・いつしますか／しましたか

・Who does/did what?　・When do/did they do it?
・谁要做什么／做了什么？　・何时要做／做的？
・Ai làm/đã làm gì?　・Khi nào làm/đã làm?

体験文《たいけんぶん》では こんなところに 気《き》をつけよう！

When reading experience passages, pay attention to the following!
阅读记叙文时的注意事项！
Lưu ý những chỗ này trong văn bản về trải nghiệm!

■例題《れいだい》

にんたさんは　毎《まい》ばん　しゅくだいを　して、11時《じ》に　ねます。でも、きのうは　しゅくだいを　しませんでした。よる　12時《じ》まで　ゲームを　しました。先週《せんしゅう》　買《か》った　新《あたら》しい　ゲームです。

問《と》い　にんたさんは きのう 何《なに》を　しましたか。

考《かんが》え方《かた》

◆「きのうしたこと」を［　　］と＿＿＿でマークすると、よくわかります。

> にんたさんは　毎《まい》ばん　しゅくだいを　して、11時《じ》に　ねます。でも、（にんたさんは）［きのう］は　しゅくだいを　しませんでした。（にんたさんは［きのう］）よる　12時《じ》まで　ゲームを　しました。
> 先週《せんしゅう》　買《か》った　新《あたら》しい　ゲームです。

ここにも「きのう」がありますよ！
The word “きのう” is here as well!
这里也有“きのう”！
“きのう” còn nằm ở đây nữa nè!

答《こた》え　にんたさんは［きのう］
よる　12時《じ》まで　ゲームを　しました。
（しゅくだいを　しませんでした。）

「時間《じかん》の言葉《ことば》」に注意《ちゅうい》！
Watch out for “time-related words”!
注意“表示时间的词语”！
Chú ý “từ chỉ thời gian” nhé!

◆時間《じかん》の言葉《ことば》＝「きのう」「今日《きょう》」「あした」など

人《ひと》の行動《こうどう》を読《よ》み取《と》る時《とき》は、「時間《じかん》の言葉《ことば》」が大切《たいせつ》です。「毎日《まいにち》」「いつも」など、習慣《しゅうかん》を表《あらわ》す言葉《ことば》も、ヒントになります。

◆ Time-related words ＝ “きのう ,” “今日” and “あした .” When reading about people’s actions, “time-related words” are important. Words which express habits, like “毎日” and “いつも ,” will also provide hints.
◆ 表示时间的词语＝“きのう”“今日”“あした”等
在理解人的行为时，“表示时间的词语”很重要。“毎日”“いつも”等表示人的行为习惯的词语也是解题的线索。
◆ Từ chỉ thời gian = “きのう”, “今日”, “あした” v.v.
“Từ chỉ thời gian” rất quan trọng khi đọc hiểu về hành động của người. Những từ biểu thị thói quen như “毎日”, “いつも” v.v. cũng là gợi ý cho câu trả lời.

もんだい　つぎの　（1）から　（3）の　ぶんしょうを　読《よ》んで、しつもんに こたえて　ください。

（1）

わたしの　母《はは》は　毎《まい》あさ　５時《じ》に　おきて、あさごはんの　前《まえ》に、あつい　おちゃを　のみます。毎日《まいにち》　そうじして、それから　友《とも》だちに　会《あ》いに　こうえんへ　行《い》きます。ときどき　デパートにも　出《で》かけます。

問《と》い　「わたし」の　母《はは》は　毎日《まいにち》　何《なに》を　しますか。

1　あさ　５時《じ》に　あさごはんを　食《た》べます。

2　あさ　つめたい　おちゃを　のみます。

3　こうえんで　友《とも》だちに　会《あ》います。

4　デパートで　買《か》いものを　します。

（2）

わたしは　毎日《まいにち》　５キロぐらい　はしります。あさ　はしったり、ゆうがた　はしったり　します。今日《きょう》は　はしってから、会社《かいしゃ》に　行《い》きました。川《かわ》の　水《みず》や　木《き》が　きれいでした。7キロぐらい　はしりましたが、あまり　つかれませんでした。

問《と》い　「わたし」は　今日《きょう》　何《なに》を　しましたか。

1　しごとの　前《まえ》に、５キロぐらい　はしりました。

2　しごとの　後《あと》で、５キロぐらい　はしりました。

3　しごとの　前《まえ》に、７キロぐらい　はしりました。

4　しごとの　後《あと》で、７キロぐらい　はしりました。

(3)

わたしは　けさから　あたまが　いたくて、会社《かいしゃ》を　休《やす》みました。いつも　行《い》く　びょういんは　今日《きょう》は　休《やす》みですから、くすりを　のんで、うちで　ねて　いました。あしたは　会社《かいしゃ》に　行《い》きたいです。

問《と》い　「わたし」は　今日《きょう》　何《なに》を　しましたか。

1　会社《かいしゃ》で　ねました。

2　びょういんへ　行《い》きました。

3　くすりを　のみました。

4　会社《かいしゃ》へ　行《い》きました。

短文《たんぶん》に挑戦《ちょうせん》！

Taking on Short Passages!
挑战短篇阅读！
Thử sức với văn bản ngắn!

メール・メモ・お知《し》らせ（I）

Emails, Notes and Notifications (I)
邮件・留言条・通知（1）
Thư điện tử, Ghi chú, Thông báo (1)

- 読《よ》んだ人《ひと》は何《なに》をしますか
- 書《か》いた人《ひと》は何《なに》が言《い》いたいですか

・What does/will the person reading the passage do?
・What does the person who wrote the passage want to say?
・读完留言条后要做什么？　・留言条想传达的信息是什么？
・Người đọc sẽ làm gì?　・Người viết muốn nói điều gì?

メール・メモ・お知《し》らせでは、こんなところに気《き》をつけよう！

When reading emails, notes and notifications, pay attention to the following!
阅读邮件・留言条・通知时的注意事项！
Lưu ý những chỗ này trong thư điện tử, ghi chú, thông báo!

■例題《れいだい》

つくえの　上《うえ》に　メモが　あります。

> にん子《こ》へ
> こんばん　田中《たなか》さんが　あそびに　来《き》ますから、へやを
> そうじして　ください。わたしは　６時《じ》ごろ　かえります。
>
> 母《はは》

問《と》い　にん子《こ》さんは　何《なに》を　しますか。

考《かんが》え方《かた》

◆「にん子《こ》さん」がすることを［　　］と＿＿＿＿でマークすると、よくわかります。

> ［にん子《こ》］へ
> あなた＝［にん子《こ》さん］は
> こんばん　田中《たなか》さんが　あそびに　来《き》ますから、へやを
> ［そうじして　ください］。わたしは　６時《じ》ごろ　かえります。
>
> 母《はは》

「にん子《こ》さんがすること」は、これです。

This is what "Ninko-san does/will do."
"忍子要做的事情" 是这个。
Đây là "việc Ninko sẽ làm".

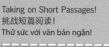

答《こた》え　にん子《こ》さんは　へやを　そうじします。

「Vてください」に注意《ちゅうい》！
（動詞《どうし》て形《けい》）

Watch out for “Vて (te-form of verb) ください”!
注意“Vて（动词て形）ください”！
Chú ý “Vて (động từ thể て) ください” nhé!

◆Vてください＝相手《あいて》に何《なに》かをお願《ねが》いしたり、勧《すす》めたりする表現《ひょうげん》

メール・メモ・お知《し》らせの中《なか》に「Vてください」があったら、必《かなら》ずマークしましょう。そこにメール・メモ・お知《し》らせを「読《よ》んだ人《ひと》」がすることが書《か》いてあります。

◆Vてください = expression used to ask or recommend someone to do something.
If “Vてください” is used in an email, note or notification, be sure to mark this on the page. That part says what the “reader” of the email, note or notification will do.

◆Vてください＝请求、劝说对方做某事的表达方式
在邮件・留言条・通知中如果有“Vてください”一定要做上标记。那里写明了收到“邮件・留言条・通知”的人读完之后要做的事情。

◆Vてください = mẫu câu nhờ vả, khuyến khích đối phương làm gì đó
Nếu trong thư điện tử, ghi chú, thông báo có “Vてください” thì hãy đánh dấu lại. Đó chính là việc “người đọc” thư điện tử, ghi chú, thông báo sẽ làm.

もんだい　つぎの　（1）から　（3）の　ぶんしょうを　読《よ》んで、しつもんに こたえて　ください。

（1）

花子《はなこ》さんは　まりさんから　メールを　もらいました。

花子《はなこ》さん

今《いま》　どこに　いますか。わたしは　駅《えき》の　北口《きたぐち》に　います。はやく　来《き》て　くださいね。この　出口《でぐち》の　前《まえ》には　大《おお》きい　スーパーが　ありますから、すぐ　わかりますよ。

まり

問《と》い　まりさんは　花子《はなこ》さんに　何《なに》が　言《い》いたいですか。

1　どこで　会《あ》いましょうか。

2　駅《えき》の　北口《きたぐち》に　来《き》て　ください。

3　早《はや》く　スーパーへ　来《き》て　ください。

4　大《おお》きい　スーパーは　どこですか。

（2）

（会社《かいしゃ》で）

山田《やまだ》さんの　つくえの　上《うえ》に　この　メモと　しょるい（注《ちゅう》）と　ふうとうが　あります。

> 山田《やまだ》さんへ
>
> 今日《きょう》　午前《ごぜん》　11時《じ》から　かいぎを　します。かいぎの　前《まえ》に、この　しょるいを　10まい　コピーして、かいぎしつの　つくえの　上《うえ》に　おいて　ください。それから、午後《ごご》　2時《じ》に　A社《しゃ》の　小川《おがわ》さんが　来《き》ますから、この　ふうとうを　わたして　ください。
>
> 木下《きのした》
>
> 6月《がつ》15日《にち》9：20

（注《ちゅう》）しょるい：document　文件　tài liệu

問《と》い　山田《やまだ》さんは　何《なに》を　しますか。

1　午前《ごぜん》　11時《じ》に　小川《おがわ》さんに　コピーを　わたします。

2　午後《ごご》　2時《じ》に　かいぎしつに　行《い》きます。

3　かいぎの　前《まえ》に、コピーを　します。

4　かいぎの　後《あと》で、メモを　つくえの　上《うえ》に　おきます。

(3)

（としょかんで）

としょかんに　来《き》た　人《ひと》が　この　かみを　見《み》ました。

みなさんへ

　としょかんの　入口《いりぐち》に　大《おお》きい　はこが　あります。としょかんの　ふるい　本《ほん》が　入《はい》って　います。ぜんぶ　もう　つかわない　本《ほん》ですから、ほしい　人《ひと》は、どうぞ　もって　かえって　ください。

みどりとしょかん

問《と》い　としょかんは　何《なに》が　言《い》いたいですか。

1　いらない　本《ほん》は　大《おお》きい　はこに　入《い》れて　ください。

2　としょかんの　本《ほん》は　どうぞ　かりて　かえって　ください。

3　としょかんで　つかわない　はこは　ほしい　人《ひと》に　あげます。

4　入口《いりぐち》の　はこの　中《なか》の　本《ほん》は　ほしい　人《ひと》に　あげます。

4 回目 短文《たんぶん》に挑戦《ちょうせん》！

Taking on Short Passages!
挑战短篇阅读！
Thử sức với văn bản ngắn!

メール・メモ・お知《し》らせ（2）

Emails, Notes and Notifications (2)
邮件・留言条・通知（2）
Thư điện tử, Ghi chú, Thông báo (2)

もんだい　つぎの　（1）から　（3）の　ぶんしょうを　読《よ》んで、しつもんに　こたえて　ください。

（1）

Aクラスの　学生《がくせい》は　山田先生《やまだせんせい》から　メールを　もらいました。

> Aクラスの　みなさん
>
> あしたは　えいがの　日《ひ》です。あさ　9時《じ》に　えいがかんへ　来《き》て　ください。入口《いりぐち》で　チケットを　わたします。えいがは　11時半《じはん》までです。えいがの　後《あと》で、学校《がっこう》へ　かえって、さくぶんを　書《か》きます。ペンを　わすれないで　ください。
>
> 山田《やまだ》

問《と》い　Aクラスの　学生《がくせい》は　あした　何《なに》を　もって　いきますか。

1　チケット

2　チケットと　ペン

3　ペン

4　ペンと　さくぶん

（2）

学生《がくせい》が　この　かみを　見《み》ました。

学生《がくせい》のみなさん

ゆきが　ふりましたが、ゆきを　もって　きょうしつに　入《はい》らないで　ください。ろうかを　あるく　人《ひと》が　ゆきや　水《みず》で　すべります（注《ちゅう》）から、あぶないです。きょうしつの　そうじも　たいへんです。おねがいします。

ヤマ日本語《にほんご》学校《がっこう》

（注《ちゅう》）すべる：slip　滑　trượt chân

問《と》い　学校《がっこう》は　学生《がくせい》に　何《なに》が　言《い》いたいですか。

1　きょうしつの　そうじを　して　ください。

2　きょうしつに　ゆきを　入《い》れないで　ください。

3　ろうかを　はしらないで　ください。

4　あぶない　きょうしつに　入《はい》らないで　ください。

（3）

（うちで）

テーブルの　上《うえ》に　この　メモと　はこが　あります。（ポチは　犬《いぬ》です。）

> けんたへ
>
> はこの　中《なか》に　ポチの　くすりと　ミルクが　あります。きのう　びょういんで　もらいました。ばんごはんを　あげる　前《まえ》に、どちらも　ポチに　あげて　ください。さんぽには　行《い》かないで　くださいね。
>
> 母《はは》

問《と》い　この　メモを　読《よ》んで、けんたさんは　はじめに　何《なに》を　しますか。

1　ポチに　ばんごはんを　あげます。

2　ポチと　びょういんに　行《い》きます。

3　ポチに　くすりと　ミルクを　あげます。

4　ポチと　いっしょに　さんぽに　行《い》きます。

5 回目

中文《ちゅうぶん》に挑戦《ちょうせん》！
Taking on Mid-Size Passages!
挑战中篇阅读！
Thử sức với văn bản trung bình!

中文《ちゅうぶん》と短文《たんぶん》（1）
Mid-Size Passages and Short Passages (1)
中篇阅读和短篇阅读（1）
Văn bản trung bình và văn bản ngắn (1)

・いつ、誰《だれ》が、何《なに》をしましたか
・そして、どうなりましたか
・どこにありますか

・Who did what when?　・What happened then?　・Where is it?
・何时、谁、做了什么？　・然后，怎么样了？　・在哪里？
・Ai đã làm gì, khi nào?　・Sau đó đã dẫn tới điều gì?　・Ở đâu?

文《ぶん》が長《なが》くなってもがんばろう！
The passages are getting longer, but don't give up!
文章篇幅变长也要继续努力！
Dù văn bản có dài cũng cố lên nhé!

■例題《れいだい》

先月《せんげつ》　わたしは　一人《ひとり》で　山《やま》に　行《い》きました。山《やま》には　かわいい　花《はな》が　さいて　いて、木《き》の　みどりが　きれいでした。山《やま》を　のぼって　いた　人《ひと》が「山《やま》の　花《はな》や　木《き》を　もって　かえらないで　ください。」と　言《い》いましたから、しゃしんだけ　とりました。

きのう　にんたさんに　その　しゃしんを　見《み》せました。にんたさんは「来週《らいしゅう》　ここへ　いっしょに　行《い》きませんか。サンドイッチを　つくって　もって　いきますよ。」と　言《い》いました。わたしは「いいですね。そう　しましょう。」と　言《い》いました。

問《とい》1　「わたし」は　山《やま》で　何《なに》を　しましたか。

考《かんが》え方《かた》

◆「わたし」が山《やま》でしたことを［　　］と＿＿＿＿でマークすると、よくわかります。

段落《だんらく》①
［先月《せんげつ》］　わたしは　一人《ひとり》で　山《やま》に　行《い》きました。山《やま》には　かわいい　花《はな》が　さいて　いて、木《き》の　みどりが　きれいでした。山《やま》を　のぼって　いた　人《ひと》が「山《やま》の　花《はな》や　木《き》を　もって　かえらないで　ください。」と　言《い》いましたから、しゃしんだけ　とりました。
（わたしは、山《やま》で）

段落《だんらく》②
［きのう］……

ここからは、山《やま》でしたことじゃないですよ。
From this point onwards, the passage is not talking about the time previously spent on the mountain!
从这里往后都不是在山上做的事情。
Từ chỗ này trở đi không còn là chuyện đã làm trên núi nữa đâu.

答《こた》え　「わたし」は、山《やま》でしゃしんをとりました。

問《とい》2　「わたし」は　来週《らいしゅう》　何《なに》を　しますか。

考《かんが》え方《かた》

◆「わたし」が来週《らいしゅう》することを□と＿＿＿でマークすると、よくわかります。

段落《だんらく》①
先月《せんげつ》　……。
わたしは、山《やま》で
……　しゃしん　だけ　とりました。

段落《だんらく》②
きのう　にんたさんに　その　しゃしん　を　見《み》せました。にんたさんは「来週《らいしゅう》　ここ　へ　いっしょに　行《い》きませんか。サンドイッチを　つくって　もって　いきますよ。」と　言《い》いました。わたし　は　「いいですね。わたしたち　は　そう　しましょう。」と　言《い》いました。

「そうしましょう」＝「来週《らいしゅう》、ここ（＝山《やま》）へいっしょに行《い》きましょう」です！

Here “そうしましょう” means “来週、ここ（＝山）へいっしょに行きましょう.”
“そうしましょう”意思是“来週、ここ（＝山）へいっしょに行きましょう”！
“そうしましょう” có nghĩa là “来週、ここ（＝山）へいっしょに行きましょう”.

答《こた》え　「わたし」は　来週《らいしゅう》　にんたさんと　いっしょに　山《やま》へ　行《い》きます。

段落《だんらく》のまとまりに注意《ちゅうい》！

Pay attention to the coherence between each paragraph!
注意段落大意！
Lưu ý đến sự liên kết giữa các đoạn văn!

長《なが》い文《ぶん》には、いくつか段落《だんらく》があります。
それぞれの段落《だんらく》の内容《ないよう》をつかんで、話《はなし》の流《なが》れを追《お》いましょう。

In longer passages, there are several paragraphs. Make sure you understand the contents of each paragraph and follow the flow of the whole piece of writing.
篇幅长的文章里包含几个段落。理解各个段落的内容来把握文章的整体文脉。
Văn bản dài thường gồm nhiều đoạn văn. Hãy nắm bắt nội dung từng đoạn và đi theo mạch kể của câu chuyện nhé.

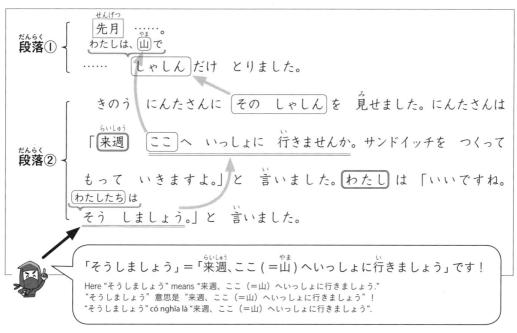

中文《ちゅうぶん》 Mid-Size Passages 中篇阅读 Văn bản trung bình

もんだい1 つぎの ぶんしょうを 読《よ》んで、しつもんに こたえて ください。

わたしは どうぶつが すきです。18さいの 時《とき》、大学《だいがく》に 入《はい》って どうぶつの べんきょうを いろいろ しました。大学《だいがく》は お金《かね》が かかりますから、じゅぎょうが ない 日《ひ》は きっさてんで はたらきました。ここには かわいい ねこが いて、ねこに 会《あ》いに 来《く》る 人《ひと》も いました。この 店《みせ》の しごとは たのしかったです。おいしい コーヒーの つくりかたも おぼえました。今《いま》でも よく つくります。

大学《だいがく》を 出《で》てから、どうぶつの びょういんで はたらいて います。毎日《まいにち》 びょうきの どうぶつを みて います。もっと たくさん べんきょうして、じぶんの びょういんを もちたいです。

問《とい》1 この 店《みせ》は どんな 店《みせ》ですか。

1 ねこを うって いる 店《みせ》
2 ねこが いる きっさてん
3 どうぶつの のみものが ある 店《みせ》
4 どうぶつの いしゃが いる きっさてん

問《とい》2 「わたし」は 今《いま》 何《なに》を して いますか。

1 はたらきながら 大学《だいがく》へ 行《い》って います。
2 きっさてんで しごとを して います。
3 びょういんで コーヒーを うって います。
4 どうぶつの いしゃを して います。

■短文《たんぶん》　Short Passages　短篇阅读　Văn bản ngắn

もんだい２　つぎの　ぶんしょうを　読《よ》んで、しつもんに　こたえて　ください。

ファオさんは　ゆいさんから　メールを　もらいました。

> ファオさん
> あしたの　パーティーは　わたしが　すしを　つくって、レーさんが　のみものを　買《か》いますから、おかしを　おねがいします。今《いま》　あついですから、つめたい　ものが　いいです。
> ゆい

問《と》い　ファオさんは　パーティーに　何《なに》を　もって　いきますか。

1　おかしと　のみもの
2　つめたい　のみもの
3　おいしい　すし
4　つめたい　おかし

6 回目

中文《ちゅうぶん》に挑戦《ちょうせん》！

Taking on Mid-Size Passages!
挑战中篇阅读！
Thử sức với văn bản trung bình!

中文《ちゅうぶん》と短文《たんぶん》（2）

Mid-Size Passages and Short Passages (2)
中篇阅读和短篇阅读（2）
Văn bản trung bình và văn bản ngắn (2)

■中文《ちゅうぶん》 Mid-Size Passages 中篇阅读 Văn bản trung bình

もんだい１　つぎの　ぶんしょうを　読《よ》んで、しつもんに　こたえて　ください。

わたしは　あねと　ふたりで　すんで　います。

わたしは　いえの　中《なか》で　だいどころが　いちばん　すきです。ここで　毎日《まいにち》りょうりを　します。いつもは　母《はは》に　ならった　りょうりですが、ときどき本《ほん》を　見《み》ながら　日本《にほん》の　りょうりも　つくります。日本人《にほんじん》に　りょうりをならいたいです。

だいどころの　となりは　あねの　へやです。この　へやには　パソコンが３だい　あります。あねは　毎日《まいにち》　ここで　パソコンを　つかって　しごとを　して　います。しごとが　たくさん　ありますから、あまり　へやから　出《で》ません。だいどころも　つかいません。わたしは　もっと　あねと　話《はなし》が　したいです。

問《とい》１　「わたし」の　うちでは　だれが　ごはんを　つくって　いますか。

1　わたし
2　あね
3　母《はは》
4　日本人《にほんじん》

問《とい》２　「わたし」の　あねは　どんな　人《ひと》ですか。

1　りょうりが　すきな　人《ひと》
2　パソコンを　つくる　人《ひと》
3　しごとが　いそがしい　人《ひと》
4　よく　話《はなし》を　する　人《ひと》

■短文《たんぶん》　Short Passages　短篇阅读　Văn bản ngắn

もんだい2　つぎの　ぶんしょうを　読《よ》んで、しつもんに　こたえて　ください。

日本語学校《にほんごがっこう》から　メールが　来《き》ました。

みなさんへ
来月《らいげつ》　新《あたら》しい　クラスが　はじまります。じぶんの　いえの　パソコンで　べんきょうする　クラスです。オンライン（注《ちゅう》）で　先生《せんせい》に　ならいます。先生《せんせい》は　今《いま》　みなさんを　おしえて　いる　西先生《にしせんせい》です。
この　クラスに　入《はい》りたい　人《ひと》は　9日《か》までに　学校《がっこう》に　メールして　ください。
モリ日本語学校《にほんごがっこう》

（注《ちゅう》）オンライン：online　线上　trực tuyến

問《と》い　どんな　人《ひと》が　9日《か》までに　学校《がっこう》に　メールしますか。

1　きょうしつで　日本語《にほんご》を　ならいたい　人《ひと》
2　新《あたら》しい　先生《せんせい》に　日本語《にほんご》を　ならいたい　人《ひと》
3　学校《がっこう》に　パソコンを　もって　いきたい　人《ひと》
4　オンラインで　日本語《にほんご》を　べんきょうしたい　人《ひと》

7 回目

中文《ちゅうぶん》に挑戦《ちょうせん》！

Taking on Mid-Size Passages!
挑战中篇阅读！
Thử sức với văn bản trung bình!

中文《ちゅうぶん》と短文《たんぶん》（3）

Mid-Size Passages and Short Passages (3)
中篇阅读和短篇阅读（3）
Văn bản trung bình và văn bản ngắn (3)

■中文《ちゅうぶん》 Mid-Size Passages　中篇阅读　Văn bản trung bình

もんだいＩ　つぎの　ぶんしょうを　読《よ》んで、しつもんに　こたえて　ください。

わたしは　べんきょうが　きらいで、毎日《まいにち》　オンラインゲーム（注《ちゅう》1）を　して いました。きょねん　その　ゲームで　①アメリカの　人《ひと》に　会《あ》いました。その　人《ひと》は 「日本《にほん》の　ゲームが　すきですから、日本《にほん》に　行《い》って、ゲームを　つくりたいです。だから、日本語《にほんご》を　べんきょうして　います。」と　言《い》いました。日本語《にほんご》も ゲームも　じょうずでした。とても　かっこよかった（注《ちゅう》2）です。

今《いま》　わたしも　②えいごの　べんきょうを　して　います。えいがが すきですから、アメリカに　行《い》って、えいがを　べんきょうしたいです。ゲームで　会《あ》った　アメリカの　人《ひと》は、今《いま》は　いい　友《とも》だちです。いっしょに 日本語《にほんご》で　話《はな》したり、えいごで　話《はな》したり　して　います。

（注《ちゅう》1）オンラインゲーム：online games　网游　trò chơi trực tuyến
（注《ちゅう》2）かっこいい：cool　真棒、酷　ngầu, siêu

問《とい》1　①アメリカの　人《ひと》は　どんな　人《ひと》ですか。

1　べんきょうが　きらいな　人《ひと》
2　日本語《にほんご》が　じょうずな　人《ひと》
3　日本《にほん》に　すんで　いる　人《ひと》
4　えいがが　すきな　人《ひと》

問《とい》2　「わたし」は　どうして　②えいごの　べんきょうを　して　いますか。

1　アメリカの　えいがを　見《み》たいから
2　えいごで　ゲームを　したいから
3　アメリカで　べんきょうしたいから
4　友《とも》だちと　えいごで　話《はな》したいから

■短文《たんぶん》　Short Passages　短篇阅读　Văn bản ngắn

もんだい2　つぎの　ぶんしょうを　読《よ》んで、しつもんに　こたえて　ください。

今日《きょう》　テストが　ありました。テストには　かんじが　たくさん　ありました。わたしは　きのう　ことばを　たくさん　おぼえましたが、かんじの　べんきょうを　わすれました。たくさん　まちがえました。

問《と》い　どうして　たくさん　まちがえましたか。

1　ことばを　べんきょうしなかったから

2　かんじを　べんきょうしなかったから

3　ことばを　たくさん　わすれたから

4　かんじと　ことばを　わすれたから

8 回目

中文《ちゅうぶん》に挑戦《ちょうせん》！

Taking on Mid-Size Passages!
挑战中篇阅读！
Thử sức với văn bản trung bình!

中文《ちゅうぶん》と短文《たんぶん》（4）

Mid-Size Passages and Short Passages（4）
中篇阅读和短篇阅读（4）
Văn bản trung bình và văn bản ngắn (4)

■中文《ちゅうぶん》 Mid-Size Passages 中篇阅读 Văn bản trung bình

もんだい１　つぎの　ぶんしょうを　読《よ》んで、しつもんに　こたえて　ください。

わたしは　土曜日《どようび》に　うみへ　行《い》きました。うみの　絵《え》が　かきたかったからです。あさ　10時半《じはん》に　うちを　出《で》ました。電車《でんしゃ》の　中《なか》で　まどの　外《そと》を　見《み》ながら　おべんとうを　食《た》べました。うみが　あおくて、きれいでした。

電車《でんしゃ》を　おりてから、午後《ごご》　１時《じ》ごろ　バスに　のりました。うみの　ちかくまで　バスで　25分《ふん》　かかりました。バスていから　うみまで　あるいて　５分《ふん》でした。バスの　中《なか》は　あたたかかったですが、外《そと》は　さむかったです。

うみの　天気《てんき》は　あまり　よく　ありませんでした。うみは　くらかったです。わたしは　うみを　見《み》ながら　くろい　いろを　たくさん　つかって　絵《え》を　かきました。さんぽして　いた　おじいさんが　「いい　絵《え》ですね。」と　言《い》いました。とても　うれしかったです。

問《とい》１　「わたし」は　何時《なんじ》ごろ　うみに　つきましたか。

1　午前《ごぜん》　11時《じ》ごろ
2　午前《ごぜん》　11時半《じはん》ごろ
3　午後《ごご》　１時《じ》ごろ
4　午後《ごご》　１時半《じはん》ごろ

問《とい》２　いい　絵《え》は　どんな　絵《え》ですか。

1　「わたし」が　くろい　いろで　かいた　絵《え》
2　「わたし」が　おじいさんを　かいた　絵《え》
3　おじいさんが　うみを　見《み》て　かいた　絵《え》
4　おじいさんが　くろい　いろで　かいた　絵《え》

■短文《たんぶん》 Short Passages 短篇阅读 Văn bản ngắn

もんだい2　つぎの　ぶんしょうを　読《よ》んで、しつもんに　こたえて　ください。

これは　わたしが　だいすきな　本《ほん》です。きょねん　たんじょうびに　この本《ほん》を　おとうとから　もらって、何《なん》かいも　読《よ》みました。おとうとは　おなじ本《ほん》を　母《はは》にも　プレゼントしました。この　本《ほん》は　わたしの　友《とも》だちです。

問《と》い　この　本《ほん》は　どんな　本《ほん》ですか。

1　「わたし」が　母《はは》に　もらった　本《ほん》
2　「わたし」が　おとうとに　もらった　本《ほん》
3　「わたし」が　おとうとに　あげた　本《ほん》
4　母《はは》が　おとうとに　あげた　本《ほん》

9 回目

中文《ちゅうぶん》に挑戦《ちょうせん》！

Taking on Mid-Size Passages!
挑战中篇阅读！
Thử sức với văn bản trung bình!

中文《ちゅうぶん》と短文《たんぶん》（5）

Mid-Size Passages and Short Passages (5)
中篇阅读和短篇阅读 (5)
Văn bản trung bình và văn bản ngắn (5)

■中文《ちゅうぶん》 Mid-Size Passages 中篇阅读 Văn bản trung bình

もんだい１　つぎの　ぶんしょうを　読《よ》んで、しつもんに　こたえて　ください。

　きのう　スマホ（注《ちゅう》１）を　なくしました（注《ちゅう》２）。いろいろな　ところを　見《み》ましたが、ありませんでした。学校《がっこう》の　人《ひと》や　駅《えき》の　人《ひと》に　聞《き》きましたが、だれも　しりませんでした。とても　こまりました。

　わたしは　①わたしの　スマホに　電話《でんわ》を　しました。しらない　女《おんな》の　人《ひと》が「もしもし。」と　言《い》いました。わたしは「すみません。それは　わたしの　スマホです。」と　言《い》いました。その　人《ひと》は「さくらこうえんの　いすの　上《うえ》に　ありましたよ。じゃあ、ここで　まって　いますから、とりに　来《き》て　ください。」と　言《い》いました。

　わたしは　さくらこうえんで　その　人《ひと》に　会《あ》って、②「ありがとうございます。」と　言《い》いました。その　人《ひと》は「いいえ。」と　言《い》いました。

（注《ちゅう》１）スマホ：smartphone　智能手机　smartphone　　（注《ちゅう》２）なくす：lose　丢失　làm mất

問《とい》１　どうして「わたし」は　①わたしの　スマホに　電話《でんわ》を　しましたか。

1　学校《がっこう》の　人《ひと》や　駅《えき》の　人《ひと》と　話《はな》したかったから
2　女《おんな》の　人《ひと》に　電話《でんわ》を　したかったから
3　わたしの　スマホを　いえに　わすれたから
4　スマホの　ある　ところが　わからなかったから

問《とい》２　どうして「わたし」は　②「ありがとうございます。」と　言《い》いましたか。

1　女《おんな》の　人《ひと》の　電話《でんわ》を　もらったから
2　女《おんな》の　人《ひと》が　さくらこうえんに　来《き》たから
3　女《おんな》の　人《ひと》と　電話《でんわ》で　友《とも》だちに　なったから
4　女《おんな》の　人《ひと》が　しんせつだったから

■短文《たんぶん》 Short Passages 短篇阅读 Văn bản ngắn

もんだい2　つぎの　ぶんしょうを　読《よ》んで、しつもんに　こたえて　ください。

わたしは　友《とも》だちの　イさんに「どうして　この　学校《がっこう》に　入《はい》りましたか。」と　聞《き》きました。イさんは「この　学校《がっこう》の　先生《せんせい》は　父《ちち》の　友《とも》だちです。その　人《ひと》の　話《はなし》を　聞《き》いて、この　学校《がっこう》に　入《はい》りました。」と　こたえました。

問《と》い　その　人《ひと》は　だれですか。

1　「わたし」の　お父《とう》さん
2　「わたし」の　お父《とう》さんの　友《とも》だち
3　イさんの　お父《とう》さんの　先生《せんせい》
4　イさんの　お父《とう》さんの　友《とも》だち

10 回目

情報検索《じょうほうけんさく》に挑戦《ちょうせん》！

Taking on Information Retrieval!
挑战信息检索！
Thử sức với tìm kiếm thông tin!

情報検索《じょうほうけんさく》（１）

Information Retrieval (1)
信息检索（1）
Tìm kiếm thông tin (1)

知《し》りたい情報《じょうほう》はどこにありますか

Where is the information that you want to know?
想要了解的信息在哪里。
Thông tin muốn biết nằm ở đâu?

情報検索《じょうほうけんさく》では、こんなところに気《き》をつけよう！

For information retrieval, pay attention to the following!
阅读信息检索题时的注意事项！
Lưu ý chỗ này khi tìm kiếm thông tin!

■例題《れいだい》

問《と》い　レストランわかばで　魚《さかな》りょうりと　バナナケーキが　食《た》べたいです。
その　メニューは　何日《なんにち》に　ありますか。

レストランわかば

おいしい　おひるごはんを　どうぞ♥

6月《がつ》の　あまい　デザート

1日《ついたち》（月《げつ》）～　6日《か》（土《ど》）：オレンジケーキ
8日《か》（月《げつ》）～13日《にち》（土《ど》）：チョコレートケーキ
15日《にち》（月《げつ》）～20日《はつか》（土《ど》）：バナナケーキ
22日《にち》（月《げつ》）～27日《にち》（土《ど》）：アイスクリーム

ひるごはんの　時間《じかん》と　メニュー　（毎月《まいつき》　おなじ）

（月《げつ》）11：00～14：00　魚《さかな》りょうり
（火《か》）11：00～14：00　にくりょうり
（水《すい》）11：30～14：30　やさいりょうり
（木《もく》）11：00～14：00　魚《さかな》りょうり
（金《きん》）11：30～14：30　やさいりょうり
（土《ど》）11：00～15：00　にくりょうり

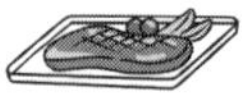

考《かんが》え方《かた》

◆「問《と》いの文《ぶん》」から［キーワード］を抜《ぬ》き出《だ》しましょう。

問《と》い　レストランわかばで　［魚《さかな》りょうり］と　［バナナケーキ］が　食《た》べたいです。
その　メニューは　何日《なんにち》に　ありますか。

この二《ふた》つを探《さが》しましょう！

Look for these two things!　寻找这两个！
Hãy tìm hai từ này!

レストランわかば

おいしい　おひるごはんを　どうぞ♥

6月《がつ》の　あまい　デザート

1日《ついたち》（月《げつ》）～　6日《か》（土《ど》）：オレンジケーキ
8日《か》（月《げつ》）～13日《にち》（土《ど》）：チョコレートケーキ
15日《にち》（月《げつ》）～20日《はつか》（土《ど》）：バナナケーキ
22日《にち》（月《げつ》）～27日《にち》（土《ど》）：アイスクリーム

ひるごはんの　時間《じかん》と　メニュー　（毎月《まいつき》　おなじ）

（月《げつ》）11：00～14：00　魚《さかな》りょうり
（火《か》）11：00～14：00　にくりょうり
（水《すい》）11：30～14：30　やさいりょうり
（木《もく》）11：00～14：00　魚《さかな》りょうり
（金《きん》）11：30～14：30　やさいりょうり
（土《ど》）11：00～15：00　にくりょうり

バナナケーキは
6月《がつ》15日《にち》（月《げつ》）～20日《はつか》（土《ど》）

魚《さかな》りょうりは
月曜日《げつようび》と木曜日《もくようび》

答《こた》え　「6月《がつ》15日《にち》（月《げつ》）～20日《はつか》（土《ど》）」の　中《なか》の　月曜日《げつようび》と　木曜日《もくようび》
＝6月《がつ》15日《にち》（月《げつ》）、6月《がつ》18日《にち》（木《もく》）

「問《と》いの文《ぶん》」のキーワードをチェック！

Check the keywords of the “question sentence”!
确认“问题句”中的关键词！
Xác định từ khóa trong “câu hỏi”!

情報検索《じょうほうけんさく》の問題《もんだい》は、案内《あんない》やお知《し》らせの前《まえ》に「問《と》いの文《ぶん》」があります。まず、「問《と》いの文《ぶん》」をよく読《よ》んで、探《さが》す情報《じょうほう》を抜《ぬ》き出《だ》しましょう。

In information retrieval questions, first there is a “question sentence” before the announcement or notification. Start by reading the “question sentence” carefully and identifying what information you need to retrieve.
信息检索题的指南或者通知等类型文章的前面有“问题句”。首先认真阅读“问题句”筛选出要寻找的信息。
Ở dạng bài tìm kiếm thông tin, “câu hỏi” sẽ nằm trước bảng hướng dẫn hoặc thông báo. Trước hết hãy đọc kỹ “câu hỏi” để lọc ra thông tin sẽ tìm.

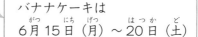

もんだい１　右《みぎ》の　ページを　見《み》て、下《した》の　しつもんに　こたえて　ください。

問《と》い　マリアさんは　17さいの　学生《がくせい》です。５月《がつ》に　11さいの　いもうとと　いっしょに　フラワーこうえんへ　行《い》きたいです。ふたりで　いくら　かかりますか。

1　400円《えん》

2　600円《えん》

3　800円《えん》

4　1,200円《えん》

フラワーこうえん

きれいな　花《はな》を　見《み》に　来《き》ませんか？
4月《がつ》～6月《がつ》、10月《がつ》は　花《はな》が　たくさん　さいて　いますよ。

時間《じかん》：　9：30～17：00

＊15：30までに　入《はい》って　ください。

休《やす》み：　毎週《まいしゅう》　木曜日《もくようび》

かかる　お金《かね》（おとな）：

【11～3月《がつ》、7～9月《がつ》】800円《えん》

【4～6月《がつ》、10月《がつ》】1,200円《えん》

学生《がくせい》（13さい～18さい）は　おとなの　お金《かね》の　半分《はんぶん》です。

子《こ》ども（12さいまで）は　お金《かね》が　かかりません。

＊子《こ》どもは　学生《がくせい》や　おとなと　いっしょに　来《き》て　ください。

＊ペットと　いっしょに　入《はい》らないで　ください。

もんだい２　右《みぎ》の　ページを　見《み》て、下《した》の　しつもんに　こたえて　ください。

問《と》い　あいさんは　休《やす》みに　りょこうします。よる、ホテルで　ごはんが　食《た》べたいです。車《くるま》は　ありません。どの　ホテルが　いいですか。

1　Aホテル

2　Bホテル

3　Cホテル

4　Dホテル

さくら町《まち》には　いい　ホテルが　たくさん　あります！

A ホテル	8,000 円《えん》	あさごはん○（注《ちゅう》1） ばんごはん×（注《ちゅう》2） **パンか　ごはんを　えらんで　ください。**	駅《えき》から　あるいて　3分《ぷん》で、とても　べんりです。へやに　パソコンが　あります。
B ホテル	7,000 円《えん》	あさごはん× ばんごはん×	駅《えき》から　あるいて　15 分《ふん》です。へやは　とても　ひろいです。となりは　ゆうめいな　レストランです。
C ホテル	10,000 円《えん》	あさごはん○ ばんごはん○ **やさいが　おいしいです。**	山《やま》の　中《なか》に　あります。駅《えき》は　とおいですから、車《くるま》で　来《き》て　ください。
D ホテル	9,000 円《えん》	あさごはん○ ばんごはん○ **魚《さかな》が　おいしいです。**	うみの　そばです。駅《えき》から　ホテルまで　べんりな　バスが　あります。

(注《ちゅう》1) ○：あります　　(注《ちゅう》2) ×：ありません

11 回目

情報検索《じょうほうけんさく》に挑戦《ちょうせん》！

Taking on Information Retrieval!
挑战信息检索！
Thử sức với tìm kiếm thông tin!

情報検索《じょうほうけんさく》（2）

Information Retrieval (2)
信息检索（2）
Tìm kiếm thông tin (2)

もんだい I　右《みぎ》の　ページを　見《み》て、下《した》の　しつもんに　こたえて　ください。

問《と》い　トムさんは　しごとの　後《あと》で、コンサートへ　行《い》きたいです。しごとは　毎日《まいにち》　午後《ごご》　４時《じ》に　おわります。トムさんの　会社《かいしゃ》は　アカマツ駅《えき》の　ビルの　中《なか》に　あります。お金《かね》は　3,000 円《えん》までが　いいです。トムさんは　どの　コンサートに　行《い》きますか。

1　A ホールの　1
2　A ホールの　2
3　B ホールの　2
4　C ホールの　2

音楽《おんがく》の町《まち》　アカマツ
今月《こんげつ》の　コンサート

Aホール（注《ちゅう》）：アカマツ駅《えき》　北口《きたぐち》から　あるいて　10分《ぷん》です。

Bホール：アカマツ駅《えき》の　となりの　ビルの　4かいです。

Cホール：アカマツ駅《えき》　南口《みなみぐち》から　あるいて　15分《ふん》です。

3月《がつ》13日《にち》（月《げつ》）	3月《がつ》15日《にち》（水《すい》）	3月《がつ》16日《にち》（木《もく》）
Aホール	Bホール	Cホール
ピアノの　コンサート	**うたの　コンサート**	**ギターの　コンサート**
1　16：00〜18：00 2,500円《えん》	1　14：30〜16：00 1,500円《えん》	1　15：00〜17：00 2,700円《えん》
2　19：00〜21：00 3,500円《えん》	2　16：30〜18：00 1,500円《えん》	2　19：30〜21：30 3,200円《えん》

（注《ちゅう》）ホール：hall　大厅　hội trường

もんだい２　右《みぎ》の　ページを　見《み》て、下《した》の　しつもんに　こたえて　ください。

問《と》い　レオさんは　インターネットで　へやを　さがして　います。レオさんは　学生《がくせい》で、ほかの　学生《がくせい》と　いっしょに　すみたいです。うるさい　へやは　いやです。駅《えき》まで　あるいて　10分《ぷん》までが　いいです。どうぶつは　きらいです。レオさんは　どの　へやが　いいですか。

1　A

2　B

3　C

4　D

いっしょに　すみませんか

【川田駅《かわだえき》】

A：[名前《なまえ》]　みょんみょん [へやの　ばしょ]　川田駅《かわだえき》まで　あるいて　10分《ぷん》です。 へやは　ふるいですが、しずかです。わたしは　くすりの　べんきょうを　して　います。本《ほん》が　すきです。
B：[名前《なまえ》]　あらひん [へやの　ばしょ]　川田駅《かわだえき》まで　あるいて　5分《ふん》です。 新《あたら》しい　へやです。わたしは　おんがくを　べんきょうして　います。 毎日《まいにち》　ギターを　ひきます。うたも　うたいます。
C：[名前《なまえ》]　Boss [へやの　ばしょ]　川田駅《かわだえき》まで　あるいて　10分《ぷん》です。 大《おお》きい　うちです。4人《にん》で　すみたいです。今《いま》　学生《がくせい》が　3人《にん》　います。 ねこも　2ひき　います。
D：[名前《なまえ》]　トカゲ [へやの　ばしょ]　川田駅《かわだえき》まで　バスで　20分《ぷん》です。 となりは　大《おお》きな　こうえんで、しずかです。わたしは　木《き》や　花《はな》の　べんきょうを　して　います。

12 回目

情報検索《じょうほうけんさく》に挑戦《ちょうせん》！

Taking on Information Retrieval!
挑战信息检索！
Thử sức với tìm kiếm thông tin!

情報検索《じょうほうけんさく》（3）

Information Retrieval (3)
信息检索（3）
Tìm kiếm thông tin (3)

もんだい I　右《みぎ》の　ページを　見《み》て、下《した》の　しつもんに　こたえて　ください。

問《と》い　小川《おがわ》さんは　えいがかんへ　えいがを　見《み》に　来《き》ました。えいがで　フランスの　たてものや　町《まち》が　見《み》たいです。今《いま》　午後《ごご》　1時《じ》10分《ぷん》です。午後《ごご》　4時《じ》まで　時間《じかん》が　あります。小川《おがわ》さんは　どの　えいがを　見《み》ますか。

1　きれいな　花《はな》

2　どう　しましょう

3　わたしと　おじいさん

4　あしたは　何曜日《なんようび》？

フランスえいが　フェスティバル
えいがの　時間《じかん》

えいがの　名前《なまえ》	時間《じかん》	へや	どんな　えいが？
きれいな　花《はな》	① 12：00-13：10 ② 15：20-16：30	A	フランスの　山《やま》に　さいて　いる　花《はな》の　えいが
どう　しましょう	13：30-15：00	A	男《おとこ》の　人《ひと》が　フランスの　町《まち》で　いろいろな　人《ひと》に　道《みち》を　聞《き》く　えいが
わたしと　おじいさん	① 11：20-13：20 ② 15：50-17：50	B	日本人《にほんじん》の　女《おんな》の子《こ》が　フランスで　ふしぎな（注《ちゅう》）　おじいさんに　会《あ》う　えいが
あしたは　何曜日《なんようび》？	13：50-15：30	B	日本《にほん》で　フランス語《ご》を　ならって　いる　子《こ》どもの　えいが

（注《ちゅう》）ふしぎな：mysterious　奇怪的　bí ẩn, kỳ lạ

もんだい２　右《みぎ》の　ページを　見《み》て、下《した》の　しつもんに　こたえて　ください。

問《と》い　30さいの　ビリーさんは　７さいと　３さいの　子《こ》どもと　いっしょに　Ｂバスていから　Ｅバスていまで　バスに　のります。お金《かね》は　三人《さんにん》で　いくら　かかりますか。

1　220円《えん》
2　330円《えん》
3　360円《えん》
4　440円《えん》

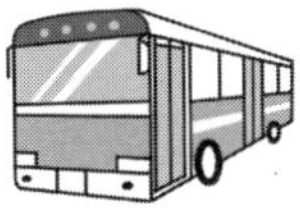

西町《にしまち》バス
NISHIMACHI BUS

かかる　お金《かね》（おとな）

		おりる　バスてい			
		Bバスてい	Cバスてい	Dバスてい	Eバスてい
のる　バスてい	Aバスてい	180円《えん》	200円《えん》	220円《えん》	240円《えん》
	Bバスてい		180円《えん》	200円《えん》	220円《えん》
	Cバスてい			180円《えん》	200円《えん》
	Dバスてい				180円《えん》

＊のる　バスていの　よこの　れつ（注《ちゅう》）を　見《み》て　ください。

（れい：Aバスていで　のって、Cバスていで　おりる＝200円《えん》）

かかる　お金《かね》（子《こ》ども）

12さいから　18さいまで	おとなと　おなじ
6　さいから　11さいまで	おとなの　半分《はんぶん》
0　さいから　5　さいまで	おとなと　いっしょの　時《とき》：0円《えん》 ひとりの　時《とき》：おとなの　半分《はんぶん》

（注《ちゅう》）れつ：row　一列　hàng

模《も》擬《ぎ》試《し》験《けん》

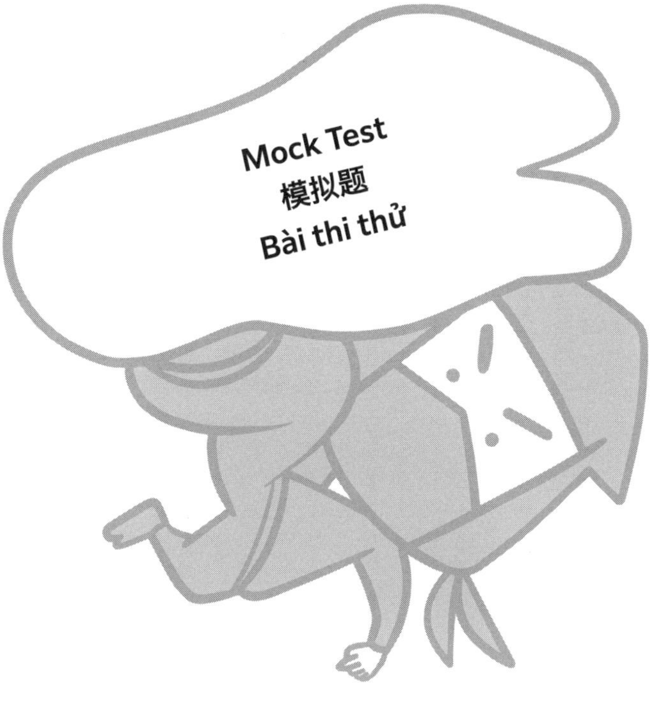

もんだい1　つぎの　(1)(2)の　ぶんしょうを　読《よ》んで、しつもんに　こたえて　ください。こたえは、1・2・3・4から　いちばん　いい　ものを　一《ひと》つ　えらんで　ください。

(1)

うちの　にわには　いけが　あります。わたしが　子《こ》どもの　時《とき》、父《ちち》が　つくりました。いけには　魚《さかな》が　います。10年前《ねんまえ》　わたしが　川《かわ》で　とった　魚《さかな》を　4ひき　入《い》れました。今《いま》は　20ぴきぐらい　います。きれいな　いろの　魚《さかな》では　ありませんが、かわいいです。

| 1 |　「うちの　にわ」の　いけは　どんな　いけですか。

1　「わたし」が　つくった　いけ
2　魚《さかな》が　20ぴきぐらい　いる　いけ
3　きれいな　魚《さかな》が　たくさん　いる　いけ
4　魚《さかな》が　4ひき　いる　いけ

(2)

ジョイさんは　日本語学校《にほんごがっこう》から　メールを　もらいました。

みなさんへ 7月《がつ》10日《か》は　A町《まち》の　人《ひと》が　来《き》ます。たくさん　日本語《にほんご》を　話《はな》しましょう！ ・午前《ごぜん》は　いっしょに　サッカーを　します。ボールは　学校《がっこう》に　あります。 ・午後《ごご》は　A町《まち》の　しゃしんを　とりに　行《い》きましょう。町《まち》の　ちずを 　わすれないで　ください。 カワ日本語学校《にほんごがっこう》

2　ジョイさんは　7月《がつ》10日《か》に　何《なに》を　もって　いきますか。

1　ちず

2　しゃしん

3　ボールと　ちず

4　ボールと　しゃしん

模擬試験

もんだい２　つぎの　ぶんしょうを　読《よ》んで、しつもんに　こたえて　ください。こたえは、１・２・３・４から　いちばん　いい　ものを　一《ひと》つ　えらんで　ください。

わたしは　オンラインで　日本語《にほんご》を　ならって　います。クラスは　毎週《まいしゅう》木曜日《もくようび》です。わたしの　国《くに》では　ひるですが、日本《にほん》は　よるですから、先生《せんせい》は　クラスの　おわりに　ときどき　「おやすみなさい。」と　言《い》います。

先週《せんしゅう》の　クラスで　①はじめて　わたしも　「おやすみなさい。」と　言《い》いました。クラスの　後《あと》で、すぐ　ねたかったからです。木曜日《もくようび》に　たくさん　ねて、金曜日《きんようび》から　りょこうへ　行《い》きました。

りょこうの　後《あと》の　木曜日《もくようび》も　おなじ　時間《じかん》に　クラスに　入《はい》りました。でも、②クラスは　はじまりませんでした。先生《せんせい》に　「今日《きょう》は　クラスが　ありませんか。」と　メールしました。先生《せんせい》は　メールで　「日本《にほん》の　カレンダーでは　今日《きょう》は　休《やす》みの　日《ひ》です。また　来週《らいしゅう》　会《あ》いましょう。」と　こたえました。

3　どうして　①はじめて　わたしも　「おやすみなさい。」と　言《い》いましたか。

1　先週《せんしゅう》の　クラスは　よるの　時間《じかん》に　おわったから

2　先週《せんしゅう》の　クラスの　時《とき》、たくさん　ねたから

3　先週《せんしゅう》の　クラスは　りょこうちゅうで　ねむかったから

4　先週《せんしゅう》の　クラスの　後《あと》で、すぐ　ねたかったから

4　どうして　②クラスは　はじまりませんでしたか。

1　日本《にほん》は　休《やす》みの　日《ひ》だったから

2　先生《せんせい》は　りょこうを　して　いたから

3　先生《せんせい》は　もう　ねて　いたから

4　先生《せんせい》は　びょうきだったから

もんだい３　右《みぎ》の　ページを　見《み》て、下《した》の　しつもんに　こたえて　ください。
こたえは、１・２・３・４から　いちばん　いい　ものを　一《ひと》つ　えらんで　ください。

5　マリアさんは「しゅみの　きょうしつ」で　おんがくを　ならいたいです。マリアさんが　ひまな　時間《じかん》は　火曜日《かようび》の　午前《ごぜん》と　木曜日《もくようび》の　午前《ごぜん》です。お金《かね》は　１か月《げつ》　１万円《まんえん》までが　いいです。マリアさんは　どの　クラスに　行《い》きますか。

1　ギターを　ひきましょう
2　すきな　うたを　うたいましょう
3　みんなで　うたいましょう
4　テニスを　しましょう

しゅみの　きょうしつ

クラス	時間《じかん》	お金《かね》	先生《せんせい》の　ことば
ギターを ひきましょう	毎週《まいしゅう》　火曜日《かようび》 9：00-10：00	1か月《げつ》（4かい）で 12,000円《えん》	はじめての　人《ひと》も だいじょうぶです。
すきな　うたを うたいましょう	1か月《げつ》に　2かい 水曜日《すいようび》 10：00-11：00	1かい　4,000円《えん》	カラオケが じょうずに なりますよ。
みんなで うたいましょう	1か月《げつ》に　3かい 火曜日《かようび》 10：00-11：00	1かい　3,000円《えん》	外国《がいこく》の　うたを みんなで うたいます。
テニスを しましょう	火曜日《かようび》か　木曜日《もくようび》 10：30-11：30	1か月《げつ》（4かい）で 9,000円《えん》	スポーツが できる　ふくを きて　ください。

各回《かくかい》のイラスト

1回目《かいめ》	太宰府天満宮《だざいふてんまんぐう》	(福岡県《ふくおかけん》)
2回目《かいめ》	博多仁和加《はかたにわか》	(福岡県《ふくおかけん》)
3回目《かいめ》	有田焼《ありたやき》・伊万里焼《いまりやき》	(佐賀県《さがけん》)
4回目《かいめ》	カステラ	(長崎県《ながさきけん》)
5回目《かいめ》	ハウステンボス	(長崎県《ながさきけん》)
6回目《かいめ》	阿蘇《あそ》の火祭《ひまつ》り	(熊本県《くまもとけん》)
7回目《かいめ》	別府温泉《べっぷおんせん》	(大分県《おおいたけん》)
8回目《かいめ》	マンゴー	(宮崎県《みやざきけん》)
9回目《かいめ》	桜島《さくらじま》	(鹿児島県《かごしまけん》)
10回目《かいめ》	屋久杉《やくすぎ》	(鹿児島県《かごしまけん》)
11回目《かいめ》	シーサー	(沖縄県《おきなわけん》)
12回目《かいめ》	美《ちゅ》ら海水族館《うみすいぞくかん》	(沖縄県《おきなわけん》)

著者

福岡 理恵子（ふくおか りえこ）
東京外国語大学、一橋大学　非常勤講師

清水 知子（しみず ともこ）
横浜国立大学、東京農業大学、防衛大学校　非常勤講師

熊田 道子（くまだ みちこ）
東京外国語大学、早稲田大学、相模女子大学　非常勤講師

翻訳

英語　株式会社アーバン・コネクションズ
中国語　鄭文全
ベトナム語　Lê Trần Thư Trúc

イラスト

広野りお

装丁・本文デザイン

梅津由子

JLPT《ジェイエルピーティー》 読解《どっかい》 N5《エヌご》 ポイント&《アンド》プラクティス

2023年5月25日　初版第1刷発行

著　者　福岡理恵子《ふくおかりえこ》　清水知子《しみずともこ》　熊田道子《くまだみちこ》
発行者　藤嵜政子
発　行　株式会社スリーエーネットワーク
〒102-0083　東京都千代田区麹町3丁目4番
トラスティ麹町ビル2F
電話　営業　03（5275）2722
編集　03（5275）2725
https://www.3anet.co.jp/
印　刷　三美印刷株式会社

ISBN978-4-88319-917-4　C0081

JLPT ポイント&プラクティスシリーズ

日本語能力試験対策問題集の新シリーズ
試験に必要な最低限の力を短期間で身につける!

JLPT 文法 N3 ポイント&プラクティス
1,320円(税込) 〔ISBN978-4-88319-903-7〕

JLPT 文法 N4 ポイント&プラクティス
1,320円(税込) 〔ISBN978-4-88319-908-2〕

JLPT 文字・語彙 N3 ポイント&プラクティス
1,320円(税込) 〔ISBN978-4-88319-881-8〕

JLPT 文字・語彙 N4 ポイント&プラクティス
1,320円(税込) 〔ISBN978-4-88319-909-9〕

JLPT 読解 N3 ポイント&プラクティス
1,430円(税込) 〔ISBN978-4-88319-889-4〕

JLPT 読解 N4 ポイント&プラクティス
1,320円(税込) 〔ISBN978-4-88319-902-0〕

JLPT 聴解 N3 ポイント&プラクティス
音声(CD2枚/web) 1,650円(税込) 〔ISBN978-4-88319-871-9〕

JLPT 聴解 N4 ポイント&プラクティス
音声(CD2枚/web) 1,650円(税込) 〔ISBN978-4-88319-874-0〕

JLPT 聴解 N5 ポイント&プラクティス
音声(web) 1,320円(税込) 〔ISBN978-4-88319-899-3〕

シリーズ
全20冊
順次発行
予定

スリーエーネットワーク

ウェブサイトで新刊や日本語セミナーをご案内しております。
https://www.3anet.co.jp/

日本語能力試験対策問題集

JLPT 読解 N5

ポイント
&
プラクティス

別冊《べっさつ》

解答《かいとう》・解説《かいせつ》

Answers and explanations

答案・解析

Đáp án và giải thích đáp án

スリーエーネットワーク

■図解《ずかい》で使《つか》う主《おも》な記号《きごう》

Major symbols used in the illustrations　图解中使用的主要符号　Ký hiệu chính trong sơ đồ

- ：注目《ちゅうもく》すべき表現《ひょうげん》
  Phrases to pay attention to　应该注意的表达方式　Mẫu câu cần lưu ý
- ：指示詞《しじし》や言《い》い換《か》えの言葉《ことば》
  Demonstratives or a different way of saying something　指示代词或者变换说法的词语　Chỉ thị từ hoặc từ thay thế
- ：省略《しょうりゃく》されている部分《ぶぶん》　Omitted segments　被省略的部分　Phần được lược bỏ
- ：答《こた》えを出《だ》すために大事《だいじ》な部分《ぶぶん》
  Important segments for reaching the answer　正确答案重要的依据部分　Phần quan trọng để rút ra câu trả lời
- ：答《こた》えを探《さが》すための手《て》がかりとなる部分《ぶぶん》
  Segments that will help you find the answer　寻找答案的线索部分　Phần chứa đầu mối để tìm ra câu trả lời
- ：ある人《ひと》や物《もの》の特徴《とくちょう》など①　Characteristics of a certain person or object ①　某个人或者东西的特点等①
  Đặc tính của người hay vật nào đó ①
- ：ある人《ひと》や物《もの》の特徴《とくちょう》など②　Characteristics of a certain person or object ②　某个人或者东西的特点等②
  Đặc tính của người hay vật nào đó ②

1 回目　p.2 ～ p.5

(1)

問《と》い　**正解《せいかい》 1**

2：白《しろ》い犬《いぬ》は、大《おお》きくない。(「白《しろ》い　犬《いぬ》は小《ちい》さくて、かわいいですが……（*l*.2)」)

3：大《おお》きい犬《いぬ》がかわいいかどうかは書《か》かれていない。

4：小《ちい》さい犬《いぬ》は若《わか》くない。(「白《しろ》い　犬《いぬ》は……おじいさんです（＝若《わか》くない)。(*l*.2)」)

2 : The white dog is not large. (“白い犬は小さくて、かわいいですが……（*l*.2)”)
3 : The passage does not state whether or not the large dog is cute.
4 : The small dog is not young. (“白い犬は……おじいさんです（= not young)。(*l*.2)”)

2：白色的狗体型不大。(“白い犬は小さくて、かわいいですが……（*l*.2)”)
3：文章没有提及体型大的狗是否可爱。
4：体型小的狗年龄大。(“白い犬は……おじいさんです（＝年龄大)。(*l*.2)”)

2 : Con chó màu trắng không to. (“白い犬は小さくて、かわいいですが……（dòng 2)”)
3 : Văn bản không ghi con chó to dễ thương hay không.
4 : Con chó nhỏ không còn non nữa. (“白い犬は……おじいさんです（= không còn non nữa)。(dòng 2)”)

問《と》いの文《ぶん》：「わたし」の　いえには　どんな　犬《いぬ》が　いますか。

➔ ・どんな犬《いぬ》について書《か》かれていますか。
・それぞれの犬《いぬ》の特徴《とくちょう》をまとめましょう。

・What kinds of dogs are described in the passage?　・Summarize the characteristics of each dog.
・文章写的是哪种类型的狗　・归纳各种类型的狗的特点
・Viết về con chó như thế nào?　・Hãy tóm tắt đặc tính của mỗi con chó.

> わたしの　いえに　犬《いぬ》が　２ひき　います。くろい　犬《いぬ》と　白《しろ》い　犬《いぬ》です。白《しろ》い　犬《いぬ》は　小《ちい》さくて、かわいいですが、おじいさんです。くろい　犬《いぬ》は　大《おお》きくて、わかいです。さんぽの　時《とき》、（くろい犬《いぬ》は）白《しろ》い　犬《いぬ》の　後《うし》ろを　ゆっくり　あるきます。（くろい犬《いぬ》は）やさしい　犬《いぬ》です。

➔ **ポイント**　白《しろ》い犬《いぬ》：小《ちい》さい、かわいい、おじいさん
黒《くろ》い犬《いぬ》：大《おお》きい、若《わか》い、ゆっくり歩《ある》く、優《やさ》しい

⇓

黒《くろ》くて、優《やさ》しい犬《いぬ》＝**選択肢《せんたくし》 1**

The white dog: small, cute, old
The black dog: large, young, walks slowly, is gentle
⇒ A gentle, black dog = Option 1

白色的狗：体型小、可爱、年龄大
黑色的狗：体型大、年龄不大、走路缓慢、性情温顺
⇒黑色的、性情温顺＝选项 1

Chó trắng: nhỏ, dễ thương, đã già
Chó đen: to, còn non, đi chậm, hiền
⇒ Con chó đen và hiền = lựa chọn 1

（2）

問《と》い　　**正解《せいかい》　3**

1・2・4：高《たか》いので行《い》かない。（「駅《えき》の　前《まえ》の店《みせ》には　行《い》きません。（駅《えき》の前《まえ》の店《みせ》は）うちからちかくて、ゆうめいですが、高《たか》いです。（*l*.2～3）」）

1/2/4 : It's expensive, so the writer doesn't go there.（"駅の前の店には行きません。（駅の前の店は）うちからちかくて、ゆうめいですが、高いです。（*l*.2-3）"）

1・2・4：因为贵所以不去。（"駅の前の店には行きません。（駅の前の店は）うちからちかくて、ゆうめいですが、高いです。（*l*.2～3）"）

1, 2, 4 : Không đi vì giá mắc.（"駅の前の店には行きません。（駅の前の店は）うちからちかくて、ゆうめいですが、高いです。（dòng 2-3）"）

問《と》いの文《ぶん》：「わたし」は　どんな　店《みせ》へ　よく　行《い》きますか。

➔ ・どんな店《みせ》がありますか。
　・よく行《い》くのはどの店《みせ》ですか。

・What kind of stores are there?　・Which store does the writer often go to?
・有什么样的店？　・经常去的是哪家店？
・Có những tiệm bánh như thế nào?　・Hay đi tiệm bánh nào?

わたしは　毎週《まいしゅう》　ケーキを　買《か》います。学校《がっこう》の　そばの　店《みせ》が　安《やす》くて、

わたしは学校《がっこう》のそばの店《みせ》に

おいしいですから、よく　行《い》きます。駅《えき》の　前《まえ》の　店《みせ》には　行《い》きません。

駅《えき》の前《まえ》の店《みせ》は

うちから　ちかくて、ゆうめいですが、高《たか》いです。

➔ **ポイント**

・学校《がっこう》のそばの店《みせ》：安《やす》い、おいしい→よく行《い》く＝**選択肢《せんたくし》3**

・駅《えき》の前《まえ》の店《みせ》：うちから近《ちか》い、有名《ゆうめい》、高《たか》い→行《い》かない

・The store near the school: cheap, delicious → The writer often goes there = Option 3
・The store in front of the station: close to the writer's house, well-known, expensive → The writer does not go there

・学校旁边的店：便宜，好吃→经常去＝选项３
・车站前面的店：离家近，名气大，贵→不去

・Tiệm cạnh trường: rẻ, ngon → hay đi = lựa chọn 3
・Tiệm trước ga: gần nhà, nổi tiếng, mắc → không đi

❖ 文法《ぶんぽう》・表現《ひょうげん》

◆ **Xから、Y**　　Xは、Yの理由《りゆう》

X is the reason for Y
X 是 Y 的原因
X là lý do của Y

「学校《がっこう》のそばの店《みせ》が安《やす》くて、おいしいです**から**、（わたしはその店《みせ》に）よく行《い》きます。」

X［Yの理由《りゆう》］　　　Y

Reason for Y
Y 的原因
lý do của Y

◆**Xが、 Y**　　Xと Yが反対《はんたい》であることを示《しめ》す

This shows that X and Y are opposites
表示 X 和 Y 相反
Biểu thị rằng X và Y đối lập nhau

「(駅《えき》の前《まえ》の店《みせ》は) うちからちかくて、ゆうめいです**が**、 高《たか》いです。」

X［店《みせ》のいい点《てん》］ ↔ Y［店《みせ》の良《よ》くない点《てん》］

A good aspect of the store
店的优点
ưu điểm của tiệm

A bad aspect of the store
店的缺点
nhược điểm của tiệm

(3)

問《と》い　　正解《せいかい》　1

2：図書館《としょかん》は広《ひろ》いと書《か》かれているが、入口《いりぐち》が広《ひろ》いかどうかは書《か》かれていない。(「ひろい としょかんです。(*l*.3)」)

3：コンビニは図書館《としょかん》の隣《となり》なので、遠《とお》くない。(「(としょかんの) となりは コンビニで …… (*l*.3)」)

4：ペンなどを売《う》っているのはコンビニ。(「(としょかんの) となりは コンビニで、(コンビニでは) ペンや ノートも うって います。(*l*.3 ～ 4)」)

2 : The passage states that the library is large, but does not state whether or not the entrance area is large. (“ひろいとしょかんです。(*l*.3)”)
3 : The convenience store is next to the library, so it is not far away. (“(としょかんの) となりはコンビニで…… (*l*.3)”)
4 : It is the convenience store that sells pens and so on. (“(としょかんの) となりはコンビニで、(コンビニでは) ペンやノートもうっています。(*l*.3-4)”)

2：文章说图书馆很宽敞，但没有提及入口处是否宽敞。(“ひろいとしょかんです。(*l*.3)”)
3：便利店在图书馆旁边，所以两者相距不远。(“(としょかんの) となりはコンビニで…… (*l*.3)”)
4：卖钢笔等的地方是便利店。(“(としょかんの) となりはコンビニで、(コンビニでは) ペンやノートもうっています。(*l*.3 ～ 4)”)

2 : Có ghi là thư viện rộng nhưng không ghi lối vào có rộng hay không. (“ひろいとしょかんです。(dòng 3)”)
3 : Cửa hàng tiện lợi nằm ngay cạnh thư viện, không xa. (“(としょかんの) となりはコンビニで……(dòng 3)”)
4 : Nơi có bán bút v.v. là cửa hàng tiện lợi. (“(としょかんの) となりはコンビニで、(コンビニでは) ペンやノートもうっています。(dòng 3-4)”)

問《と》いの文《ぶん》：東《ひがし》としょかん は どんな としょかん ですか。

➔ 東図書館《ひがしとしょかん》の特徴《とくちょう》をまとめましょう。

Summarize the characteristics of Higashi Library.
归纳东图书馆的特点。
Hãy tóm tắt đặc tính của thư viện Higashi.

わたしは よく 東《ひがし》としょかん で べんきょうします。東《ひがし》としょかん は 東《ひがし》こうえんの 中《なか》に あります。こうえんの 入口《いりぐち》から (東《ひがし》としょかん まで) あるいて 3分《ぷん》です。(東《ひがし》としょかん は) ひろい としょかんです。(東《ひがし》としょかん の) となりは コンビニで、(コンビニでは) ペンや ノートも うって います。

➔ **ポイント**

東図書館《ひがしとしょかん》：・東公園《ひがしこうえん》の中《なか》にある＝**選択肢《せんたくし》１**

・東公園《ひがしこうえん》の入口《いりぐち》から歩《ある》いて３分《ぷん》かかる

・広《ひろ》い

・隣《となり》にコンビニがある

Higashi Library:
・Located in Higashi Park = Option 1
・Three minutes on foot from the entrance of Higashi Park
・Large
・Convenience store next door

东图书馆：
・位于东公园里面＝选项 1
・从东公园入口处步行 3 分钟到达
・宽敞
・旁边有家便利店

Thư viện Higashi:
・Nằm trong công viên Higashi = lựa chọn 1
・Mất 3 phút đi bộ từ cổng công viên Higashi
・Rộng
・Nằm cạnh cửa hàng tiện lợi

2 回目 p.6 〜 p.9

(1)

問《と》い　　正解《せいかい》　３

１：朝《あさ》５時《じ》に起《お》きる。朝《あさ》ご飯《はん》を食《た》べるのではない。（「わたしの　母《はは》は　毎《まい》あさ　５時《じ》に　おきて……（*l*.1）」）

２：冷《つめ》たいお茶《ちゃ》ではない。（「……あつい　おちゃを　のみます。（*l*.2）」）

４：デパートに行《い》くのは、ときどき。毎日《まいにち》ではない。（「ときどき　デパートにも　出《で》かけます。（*l*.3）」）

1：She gets up at 5 a.m. She does not eat breakfast at that time.（"わたしの母は毎あさ５時におきて……（*l*.1）"）
2：What she drinks is not chilled tea.（"……あついおちゃをのみます。（*l*.2）"）
4：She goes to the department store sometimes, not every day.（"ときどきデパートにも出かけます。（*l*.3）"）

1：妈妈早上 5 点起床。不是吃早饭。（"わたしの母は毎あさ５時におきて……（*l*.1）"）
2：妈妈喝的不是凉的茶。（"……あついおちゃをのみます。（*l*.2）"）
4：妈妈是偶尔去百货商场。不是每天都去。（"ときどきデパートにも出かけます。（*l*.3）"）

1：Mẹ dậy lúc 5 giờ sáng, không phải ăn sáng lúc đó.（"わたしの母は毎あさ５時におきて……(dòng 1)"）
2：Thứ mẹ uống không phải là trà lạnh.（"……あついおちゃをのみます。(dòng 2)"）
4：Thi thoảng mới đi cửa hàng bách hóa, không phải mỗi ngày.（"ときどきデパートにも出かけます。(dòng 3)"）

問《と》いの文《ぶん》：「わたし」の　母《はは》は　毎日《まいにち》　何《なに》を　しますか。

➔ 母《はは》が毎日《まいにち》することを探《さが》しましょう。

Search for what the mother does every day.
寻找妈妈每天做的事情。
Hãy tìm việc mẹ làm mỗi ngày.

わたしの　母《はは》は　毎《まい》あさ　5時《じ》に　おきて、あさごはんの　前《まえ》に、あつい
＝毎日《まいにち》の朝《あさ》
母《はは》は
おちゃを　のみます。　毎日《まいにち》　そうじして、それから　友《とも》だちに　会《あ》いに
母《はは》は
こうえんへ　行《い》きます。ときどき　デパートにも　出《で》かけます。

ポイント

母《はは》が毎日《まいにち》すること：・朝《あさ》5時《じ》に起《お》きる
・熱《あつ》いお茶《ちゃ》を飲《の》む
・掃除《そうじ》する
・友《とも》だちに会《あ》いに公園《こうえん》へ行《い》く＝公園《こうえん》で友《とも》だちに会《あ》う＝**選択肢《せんたくし》3**

What she does every day:
・Gets up at 5 a.m.
・Drinks hot tea
・Does the cleaning
・Goes to a park to meet her friends = meets friends in the park = Option 3

妈妈每天做的事情：
・早上5点起床
・喝热茶
・打扫卫生
・去公园见朋友＝在公园与朋友见面＝选项3

Mỗi ngày, mẹ:
・Dậy lúc 5 giờ sáng
・Uống trà nóng
・Quét dọn
・Tới công viên gặp bạn = Gặp bạn ở công viên = lựa chọn 3

文法《ぶんぽう》・表現《ひょうげん》

◆ V1て、V2
（動詞《どうし》て形《けい》）

V1をした後《あと》で、V2をする

Do V2 after doing V1
做完V1之后，做V2
Sau khi làm V1 thì làm V2

「（母《はは》は）毎日《まいにち》**そうじして**、それから友《とも》だちに会《あ》いにこうえんへ**行《い》きます。**」

［先《さき》にすること］
The action done first
先做的事
việc làm trước

［後《あと》ですること］
The action done afterwards
后做的事
việc làm sau

◆ ［場所《ばしょ》］に／へ～Vに、行《い》く／来《く》る／帰《かえ》る
（動詞《どうし》ます形《けい》）

Vは、移動《いどう》の目的《もくてき》を示《しめ》す

V expresses the objective of the movement
V 表示移动的目的
V biểu thị mục đích của chuyển động

「（母《はは》は）**友《とも》だちに会《あ》いに**こうえん**へ行《い》きます。**」

［行《い》く目的《もくてき》］
Objective of going to the place
去的目的
mục đích đi

(2)

問《と》い　　正解《せいかい》 3

1：毎日《まいにち》5キロぐらい走《はし》るが、今日《きょう》は7キロぐらい走《はし》った。(「(わたしは今日《きょう》は) 7キロぐらい　はしりましたが……(*l.*3)」)

2・4：仕事《しごと》の後《あと》ではなく、前《まえ》に走《はし》った。(「今日《きょう》は　はしってから、会社《かいしゃ》に行《い》きました。(*l.*2)」)

1 : The writer runs around 5 km every day, but ran around 7 km today. (“(わたしは今日は) 7キロぐらいはしりましたが…… (*l.*3)”)

2/4 : The writer ran before work, not after work. (“今日ははしってから、会社に行きました。(*l.*2)”)

1：“我”每天跑5公里左右，今天跑了大约7公里。(“(わたしは今日は) 7キロぐらいはしりましたが…… (*l.*3)”)

2・4：“我”不是下班后，而是上班前跑的。(“今日ははしってから、会社に行きました。(*l.*2)”)

1 : Hàng ngày chạy khoảng 5km nhưng hôm nay đã chạy 7km. (“(わたしは今日は) 7キロぐらいはしりましたが…… (dòng 3)”)

2, 4 : Chạy trước giờ làm việc, không phải sau. (“今日ははしってから、会社に行きました。(dòng 2)”)

問《と》いの文《ぶん》：「わたし」は 今日《きょう》 何《なに》を しましたか。

➔ 今日《きょう》は、何《なに》をしましたか。どういう順番《じゅんばん》でしましたか。

What did “I” do today? In what order did the writer do these actions?
“我”今天做了什么事？是按照怎样的先后顺序做的？
Hôm nay “tôi” đã làm gì? Theo thứ tự nào?

> わたしは　毎日《まいにち》　5キロぐらい　はしります。あさ　はしったり、ゆうがたはしったり　します。(わたしは) 今日《きょう》は　はしってから、会社《かいしゃ》に　行《い》きました。川《かわ》の水《みず》や　木《き》が　きれいでした。(わたしは今日《きょう》は) 7キロぐらい　はしりましたが、あまりつかれませんでした。
>
> (はしってから＝仕事《しごと》の前《まえ》に走《はし》りました)

➔ **ポイント**

今日《きょう》したこと：・7キロぐらい走《はし》った

・その後《あと》で、会社《かいしゃ》に行《い》った（＝仕事《しごと》をした）

⇓

仕事《しごと》の前《まえ》に、7キロぐらい走《はし》った＝**選択肢《せんたくし》3**

What the writer did today:
・Ran about 7 km
・Afterwards, went to his/her company (= worked)
⇒ Ran about 7 km before going to work = Option 3

“我”今天做的事情：
・跑了大约7公里
・然后去上班了（＝工作）
⇒上班前跑了大约7公里＝选项3

Việc đã làm hôm nay:
・Chạy khoảng 7km
・Sau đó tới công ty (= đi làm)
⇒ Chạy khoảng 7km trước giờ làm = lựa chọn 3

❖ 文法《ぶんぽう》・表現《ひょうげん》

◆ Nの／V前《まえ》にX　NやVをするより先《さき》に、Xをすることを示《しめ》す

（名詞《めいし》）（動詞辞書形《どうしじしょけい》）

This shows that X is done before N or V
表示在做 N 或者 V 之前，先做 X
Biểu thị rằng làm việc X trước N hoặc trước khi làm V

［選択肢《せんたくし》3］

「しごとの前《まえ》に、7キロぐらいはしりました。」

N［後《あと》でしたこと］
The action done afterwards
后做的事情
việc đã làm sau

X［先《さき》にしたこと］
The action done first
先做的事情
việc đã làm trước

◆ Vてから、Y　Vの後《あと》で、Yをすることを示《しめ》す

（動詞《どうし》て形《けい》）

This shows that Y is done after V
表示做完 V 之后，做 Y
Biểu thị rằng làm việc Y sau hành động V

「今日《きょう》ははしってから、会社《かいしゃ》に行《い》きました。」

［先《さき》にしたこと］
The action done first
先做的事情
việc đã làm trước

Y［後《あと》でしたこと］
The action done afterwards
后做的事情
việc đã làm sau

(3)

問《と》い　正解《せいかい》　3

1・4：会社《かいしゃ》には行《い》かなかった。（「わたしは けさから　あたまが　いたくて、会社《かいしゃ》を　休《やす》みました。（*l*.1）」）

2：病院《びょういん》は休《やす》みだった。（「いつも　行《い》く びょういんは　今日《きょう》は　休《やす》みですから…… （*l*.1 ～ 2）」）

1/4 : The writer did not go to his/her company. (“わたしはけさからあたまがいたくて、会社を休みました。(*l*.1)”)
2 : The clinic was closed. (“いつも行くびょういんは今日は休みですから…… (*l*.1-2)”)

1・4：“我”没有去上班（“わたしはけさからあたまがいたくて、会社を休みました。(*l*.1)”）
2：医院停诊。（“いつも行くびょういんは今日は休みですから…… (*l*.1 ～ 2)”）

1, 4 : Người viết đã không đến công ty. (“わたしはけさからあたまがいたくて、会社を休みました。(dòng 1)”)
2 : Bệnh viện đóng cửa nghỉ. (“いつも行くびょういんは今日は休みですから…… (dòng 1-2)”)

問《と》いの文《ぶん》：「わたし」は、今日《きょう》　何《なに》を　しましたか。

➔ 今日《きょう》、何《なに》をしましたか。何《なに》をしませんでしたか。

What did “I” do today? What did “I” not do?
“我” 今天做了什么？没有做什么？
Hôm nay “tôi” đã làm gì và không làm gì?

わたしは けさ から あたまが いたくて、会社《かいしゃ》を 休《やす》みました。いつも
＝今日《きょう》の朝《あさ》
行《い》く びょういんは 今日《きょう》 は 休《やす》みですから、（わたしは）くすりを のんで、うちで
ねて いました。あしたは 会社《かいしゃ》に 行《い》きたいです。

➔ **ポイント**

今日《きょう》したこと：・会社《かいしゃ》を休《やす》んだ

・薬《くすり》を飲《の》んだ＝**選択肢《せんたくし》3**

・うちで寝《ね》た

今日《きょう》しなかったこと：・会社《かいしゃ》に行《い》く

・病院《びょういん》に行《い》く

What the writer did today:
・Took a day off work
・Took medicine = Option 3
・Slept at home
What the writer did not do today:
・Go to work
・Go to the clinic

“我”今天做的事情：
・向公司请假
・吃药＝选项 3
・在家躺着
“我”今天没有做的事情：
・去上班
・去医院

Việc đã làm hôm nay:
・Nghỉ phép
・Uống thuốc = lựa chọn 3
・Ở nhà ngủ
Việc không làm hôm nay:
・Đến công ty
・Đi bệnh viện

3 回目

p.10 ～ p.14

(1)

問《と》い　**正解《せいかい》 2**

1：会《あ》う場所《ばしょ》は決《き》めてある。

3：スーパーは会《あ》うところではなくて、北口《きたぐち》の目印《めじるし》。

4：まりさんは、大《おお》きいスーパーの場所《ばしょ》は知《し》っている。

1 : The place where Mari-san and Hanako-san will meet is decided.
3 : The supermarket is not where they will meet. It is a landmark for the North Exit.
4 : Mari-san knows where the large supermarket is.

1：茉莉和花子已经约定了见面地点。
3：超市不是见面地点，而是车站北口的标志性建筑物。
4：茉莉知道大型超市在哪里。

1 : Đã chọn địa điểm gặp rồi.
3 : Siêu thị không phải là nơi gặp mà là dấu hiệu nhận biết cửa Bắc.
4 : Mari biết chỗ siêu thị lớn.

問《と》いの文《ぶん》：まりさんは　花子《はなこ》さんに　何《なに》が　言《い》いたいですか。

➔「〜てください」がある文《ぶん》に注目《ちゅうもく》しましょう。

Focus on the sentence with "〜てください."
注意有"〜てください"的句子。
Lưu ý câu có chứa "〜てください".

花子《はなこ》さん

今《いま》　どこに　いますか。わたしは　駅《えき》の　北口《きたぐち》に　います。はやく　来《き》てくださいね。この　出口《でぐち》の　前《まえ》には　大《おお》きい　スーパーが　ありますから、すぐわかりますよ。

まり

（ここに）

➔ **ポイント**

まりさんが花子《はなこ》さんに言《い》いたいこと（＝お願《ねが》い）：

早《はや》く駅《えき》の北口《きたぐち》に来《き》てください。＝**選択肢《せんたくし》2**

What Mari-san wants to say to Hanako-san (= request): "Please come to the North Exit of the station soon." = Option 2
茉莉想向花子传递的信息（＝请求）：请快点儿来车站北口＝选项 2
Điều Mari muốn nói với Hanako (= yêu cầu): Hãy nhanh đến cửa Bắc của ga! = lựa chọn 2

❖ 文法《ぶんぽう》・表現《ひょうげん》

◆ **Vてください**
(動詞《どうし》て形《けい》)

相手《あいて》にVの行動《こうどう》をするようにお願《ねが》いする

This is used to ask someone to do the action of V
请求对方做 V 行为
Yêu cầu đối phương làm hành động V

「**はやく来《き》てください**ね。」
[「来《く》る人《ひと》」はメールをもらった人《ひと》＝花子《はなこ》さん]

"The person who will come" is the person who received the email = Hanako-san
"要来的人"是收到邮件的人 = 花子
"Người sẽ đến" là người đã nhận tin nhắn = Hanako

(2)

問《と》い　**正解《せいかい》　3**

1：小川《おがわ》さんは午後《ごご》2時《じ》に来《く》る。また、渡《わた》すものは封筒《ふうとう》。(「……午後《ごご》　2時《じ》に　A社《しゃ》の小川《おがわ》さんが　来《き》ますから、この　ふうとうをわたして　ください。(*l*.7～8)」)

2：午後《ごご》2時《じ》は小川《おがわ》さんが来《く》る時間《じかん》で、会議《かいぎ》室《しつ》に行《い》く時間《じかん》ではない。

4：会議《かいぎ》の前《まえ》に、書類《しょるい》のコピーを机《つくえ》の上《うえ》に置《お》く。(「かいぎの　前《まえ》に……かいぎしつの　つくえの　上《うえ》に　おいて　ください。(*l*.5～6)」)

1 : Ogawa-san will come at 2 p.m. The object that Yamada-san will hand over is an envelope. ("……午後 2 時に A 社の小川さんが来ますから、このふうとうをわたしてください。(*l*.7-8)")
2 : 2 p.m. is the time that Ogawa-san will come, not the time that Yamada-san will go to the meeting room.
4 : Yamada-san will put copies of the document on the desk before the meeting. ("かいぎの前に……かいぎしつのつくえの上においてください。(*l*.5-6)")

1：小川下午 2 点来。另外，山田要递交的是信封。("……午後 2 時に A 社の小川さんが来ますから、このふうとうをわたしてください。(*l*.7～8)")
2：下午 2 点是小川来的时间，不是山田去会议室的时间。
4：山田要在开会前，把文件的复印件放到桌子上。("かいぎの前に……かいぎしつのつくえの上においてください。(*l*.5～6)")

1 : Ogawa sẽ đến lúc 2 giờ chiều. Hơn nữa, thứ Yamada sẽ đưa là phong bì. ("……午後 2 時に A 社の小川さんが来ますから、このふうとうをわたしてください。(dòng 7-8)")
2 : 2 giờ chiều là thời điểm Ogawa đến, không phải lúc Yamada vào phòng họp.
4 : Yamada sẽ đặt bản photo của tài liệu lên bàn trước cuộc họp. ("かいぎの前に……かいぎしつのつくえの上においてください。(dòng 5-6)")

問《と》いの文《ぶん》：山田《やまだ》さんは　何《なに》を　しますか。

➔「～てください」がある文《ぶん》に注目《ちゅうもく》しましょう。山田《やまだ》さんは何《なに》をしなければいけませんか。

Focus on the sentence with "～てください." What does Yamada-san need to do?
注意有"～てください"的句子。山田必须做什么？
Lưu ý câu có chứa "～てください". Yamada phải làm gì?

> 山田《やまだ》さんへ
>
> 今日《きょう》　午前《ごぜん》　11時《じ》から　かいぎを　します。かいぎの　前《まえ》に、この　しょるいを（そのコピーを）10まい　コピーして、かいぎしつの　つくえの　上《うえ》に　おいて　ください。
>
> それから、午後《ごご》　2時《じ》に　A社《しゃ》の　小川《おがわ》さんが　来《き》ますから、この　ふうとうを（小川《おがわ》さんに）わたして　ください。
>
> 木下《きのした》
>
> 6月《がつ》15日《にち》9：20

➔ **ポイント**

山田《やまだ》さんがしなければいけないこと：

・会議《かいぎ》の前《まえ》に書類《しょるい》をコピーして、会議室《かいぎしつ》の机《つくえ》の上《うえ》に置《お》く＝**選択肢《せんたくし》3**

・小川《おがわ》さんに封筒《ふうとう》を渡《わた》す

What Yamada-san needs to do:
・Make copies of the document and place them on the desk in the meeting room before the meeting = Option 3
・Hand the envelope over to Ogawa-san

山田必须做的事情：
・要在开会前复印文件，放到会议室的桌子上＝选项 3
・把信封递交给小川

Việc Yamada phải làm:
・Photo tài liệu rồi đặt lên bàn trong phòng họp trước cuộc họp = lựa chọn 3
・Đưa phong bì cho Ogawa

(3)

問《と》い　**正解《せいかい》 4**

1：本《ほん》はもう入《はい》っている。(「(はこの中《なか》に) としょかんの ふるい 本《ほん》が 入《はい》って います。(*l*.4 ～ 5)」)

2：本《ほん》を借《か》りるのではなく、もらう。(「ぜんぶ もう つかわない 本《ほん》ですから、ほしい 人《ひと》は、どうぞ もって かえって ください。(*l*.5 ～ 6)」)

3：あげるのは箱《はこ》ではなく、箱《はこ》の中《なか》の本《ほん》。(「…… どうぞ (その本《ほん》を) もって かえって ください。(*l*.6)」)

1：The books are already inside the box. (“(はこの中に) としょかんのふるい本が入っています。(*l*.4-5)”)
2：The books are for taking, not borrowing. (“ぜんぶもうつかわない本ですから、ほしい人は、どうぞもってかえってください。(*l*.5-6)”)
3：The library is giving away the books inside the box, not the box itself. (“……どうぞ (その本を) もってかえってください。(*l*.6)”)

1：箱子里书已经放进去了。(“(はこの中に) としょかんのふるい本が入っています。(*l*.4 ～ 5)”)
2：阅读通知的人不是要借书，而是得到书。(“ぜんぶもうつかわない本ですから、ほしい人は、どうぞもってかえってください。(*l*.5 ～ 6)”)
3：图书馆赠送的不是箱子，而是箱子里的书。(“……どうぞ (その本を) もってかえってください。(*l*.6)”)

1：Trong hộp đã có sách rồi. (“(はこの中に) としょかんのふるい本が入っています。(dòng 4-5)”)
2：Người đọc thông báo được cho sách, không phải mượn sách. (“ぜんぶもうつかわない本ですから、ほしい人は、どうぞもってかえってください。(dòng 5-6)”)
3：Thứ thư viện cho không phải là cái hộp mà là sách trong hộp. (“……どうぞ (その本を) もってかえってください。(dòng 6)”)

問《と》いの文《ぶん》：としょかんは 何《なに》が 言《い》いたいですか。

➔ 「～てください」がある文《ぶん》に注目《ちゅうもく》しましょう。

Focus on the sentence with “～てください.”
注意有“～てください”的句子。
Lưu ý câu có chứa “～てください”.

みなさんへ

はこの中《なか》に

としょかんの 入口《いりぐち》に 大《おお》きい はこが あります。としょかんの ふるい 本《ほん》が 入《はい》って います。ぜんぶ もう つかわない 本《ほん》ですから、ほしい 人《ひと》は、

その本《ほん》を

どうぞ もって かえって ください。

みどりとしょかん

➔ **ポイント**

図書館《としょかん》が言《い》いたいこと：図書館《としょかん》の入口《いりぐち》の箱《はこ》に古《ふる》い本《ほん》が入《はい》っているので、欲《ほ》しい人《ひと》は持《も》って帰《かえ》ってください＝箱《はこ》の中《なか》の本《ほん》をあげる＝**選択肢《せんたくし》4**

What the library wants to say:
There are old books in a box at the entrance of the library, so if you want them, please take them home = we are giving away the books inside the box = Option 4

图书馆想传达的信息：
图书馆入口处的箱子里放了一些旧书，想要的人可以拿回家＝赠送箱子里的书＝选项 4

Điều thư viện muốn nói:
Trong hộp để ở lối vào của thư viện có sách cũ nên ai muốn thì hãy lấy mang về = cho sách bên trong hộp = lựa chọn 4

❖ 文法《ぶんぽう》・表現《ひょうげん》

◆ Nは／がVている
（名詞《めいし》）（動詞《どうし》て形《けい》）

Vが瞬間動詞《しゅんかんどうし》の場合《ばあい》、Nの状態《じょうたい》を表《あらわ》す

When V is a verb that expresses a momentary action, this describes the state of N
V 是表示一瞬间发生某事的动词时，表示 N 的状态
Biểu thị trạng thái của N khi V là động từ mô tả hành động nhất thời

「(はこの中《なか》に) としょかんのふるい本《ほん》**が入《はい》っています。**」
N　[Nの状態《じょうたい》]
State of N
N 的状态
trạng thái của N

◆ どうぞVてください
（動詞《どうし》て形《けい》）

相手《あいて》にVをするよう勧《すす》める

This is used to recommend someone to do V
劝说对方做 V 行为
Khuyến khích đối phương thực hiện V

「ほしい人《ひと》は、**どうぞもってかえってください。**」

4 回目

p.15 ～ p.17

(1)

問《と》い　**正解《せいかい》　3**

1・2：チケットは先生《せんせい》が映画館《えいがかん》でくれるので、持《も》っていかない。(「(えいがかんの) 入口《いりぐち》で　チケットを　わたします。(*l*.4)」)

4：作文《さくぶん》は、映画《えいが》の後《あと》で書《か》くので、持《も》っていかない。(「えいがの　後《あと》で、学校《がっこう》へかえって、さくぶんを　書《か》きます。(*l*.4 ～ 5)」)

1/2 : The tickets will be given out by the teacher at the movie theater, so the students will not bring them. (“(えいがかんの) 入口でチケットをわたします。(*l*.4)”)
4 : The essays will be written after watching the movie, so the students will not bring them. (“えいがの後で、学校へかえって、さくぶんを書きます。(*l*.4-5)”)

1・2：票是老师在电影院发放，不是学生带去。(“(えいがかんの) 入口でチケットをわたします。(*l*.4)”)
4：作文是看完电影之后写，不是学生带去。(“えいがの後で、学校へかえって、さくぶんを書きます。(*l*.4 ～ 5)”)

1, 2 : Vé sẽ được giáo viên phát tại rạp chiếu phim nên học sinh không mang theo. (“(えいがかんの) 入口でチケットをわたします。(dòng 4)”)
4 : Bài làm văn viết sau khi xem phim nên học sinh không mang theo. (“えいがの後で、学校へかえって、さくぶんを書きます。(dòng 4-5)”)

問《と》いの文《ぶん》：A クラスの　学生《がくせい》は　あした　何《なに》を　[もって　いきます]か。

➔ 「〜てください」がある文《ぶん》に注目《ちゅうもく》しましょう。

Focus on the sentence with "〜てください."
注意有"〜てください"的句子。
Lưu ý câu có chứa "〜てください".

A クラスの　みなさん あしたは　えいがの　日《ひ》です。あさ　9時《じ》に　えいがかんへ　来《き》て　ください。 えいがかんの 入口《いりぐち》で　チケットを　わたします。えいがは　11時半《じはん》までです。えいがの　後《あと》で、 学校《がっこう》へ　かえって、さくぶんを　書《か》きます。ペンを　[わすれないで　ください]。 ＝[持《も》ってきて]ください 山田《やまだ》

➔ **ポイント**

明日《あした》、映画《えいが》の後《あと》で作文《さくぶん》を書《か》くので、ペンを忘《わす》れないでください＝ペンを持《も》ってきてください＝**選択肢《せんたくし》3**

Tomorrow, you will write essays after the movie, so please do not forget your pens = please bring your pens = Option 3

明天看完电影后写作文，所以不要忘记带钢笔＝请带钢笔＝选项 3

Ngày mai sẽ viết bài làm văn sau khi xem phim nên đừng quên bút nhé! = Hãy mang bút theo! = lựa chọn 3

❖ 文法《ぶんぽう》・表現《ひょうげん》

◆Vないでください
（動詞《どうし》ない形《けい》）

Vをしないようにお願《ねが》いする

This is used to ask someone not to do V
请求不要做 V 行为
Yêu cầu đừng làm V

「ペンを**わすれないでください。**」

(2)

問《と》い　**正解《せいかい》　2**

1：掃除《そうじ》をしてくださいとは書《か》かれていない。（「きょうしつの　そうじも　たいへんです。（だから、ゆきをもってこないでください）（*l*.5）」）

3：ろうかを走《はし》ることについては、何《なに》も書《か》かれていない。

4：危《あぶ》ないのは、雪《ゆき》や水《みず》ですべること。教室《きょうしつ》が危《あぶ》ないのではない。

1：The students are not asked to clean up.（"きょうしつのそうじもたいへんです。（だから、ゆきをもってこないでください）（*l*.5）"）

3：Nothing is written about running in the hallway.

4：The danger concerns slipping on snow or water. The classroom is not dangerous.

1：文章没有提及请打扫卫生。（"きょうしつのそうじもたいへんです。（だから、ゆきをもってこないでください）（*l*.5）"）

3：关于在走廊里奔跑，文章里没有任何信息。

4：危险的是会因为雪和水滑倒。并不是教室危险。

1：Trong văn bản không ghi là hãy quét dọn.（"きょうしつのそうじもたいへんです。（だから、ゆきをもってこないでください）（dòng 5）"）

3：Không ghi gì về chuyện chạy trong hành lang.

4：Thứ nguy hiểm là việc bị trượt chân do tuyết hoặc nước, không phải là lớp học.

問《と》いの文《ぶん》：学校《がっこう》は　学生《がくせい》に　何《なに》が　言《い》いたいですか。

➔「～てください」がある文《ぶん》に注目《ちゅうもく》しましょう。学校《がっこう》は学生《がくせい》に何《なに》をお願《ねが》いしていますか。

Focus on the sentence with "～てください." What is the school requesting the students to do?
注意有"～てください"的句子。学校请求学生做什么？
Lưu ý câu có chứa "～てください". Trường đang yêu cầu học sinh điều gì?

学生《がくせい》のみなさん

ゆきが　ふりましたが、ゆきを　もって　きょうしつに　入《はい》らないで　ください。

［お願《ねが》いの理由《りゆう》※］
ろうかを　あるく　人《ひと》が　ゆきや　水《みず》で　すべりますから、
あぶないです。
きょうしつの　そうじも　たいへんです。

おねがいします。

ヤマ日本語学校《にほんごがっこう》

※　お願《ねが》いの理由《りゆう》：Reason for the request　提出请求的原因　lý do yêu cầu

➔ **ポイント**

学生《がくせい》へのお願《ねが》い：雪《ゆき》を持《も》って教室《きょうしつ》に入《はい》らないでください

⇓

教室《きょうしつ》に雪《ゆき》を入《い》れないでください＝**選択肢《せんたくし》 2**

Request to the students: Please do not bring snow into the classroom
⇒ Do not bring snow into the classroom
= Option 2

向学生提出的请求：请不要把雪带进教室
⇒请不要把雪拿进教室＝选项 2

Yêu cầu dành cho học sinh: Đừng vào phòng học với tuyết trên tay!
⇒ Đừng mang tuyết vào phòng học!
= lựa chọn 2

(3)

問《と》い　**正解《せいかい》 3**

1：晩《ばん》ご飯《はん》の前《まえ》に薬《くすり》とミルクをあげる。（「ばんごはんを　あげる　前《まえ》に、どちらも　ポチに　あげて　ください。（*l.*5～6）」）

2：病院《びょういん》は、きのうお母《かあ》さんが行《い》った。（「きのう　びょういんで　もらいました。（*l.*4～5）」）

4：散歩《さんぽ》に行《い》ってはいけない。（「さんぽには　行《い》かないで　くださいね。（*l.*6）」）

1：Kenta-san will give the medicine and milk to Pochi before his dinner. (“ばんごはんをあげる前に、どちらもポチにあげてください。(*l.*5-6)”)
2：Kenta-san's mother went to the vet yesterday. (“きのうびょういんでもらいました。(*l.*4-5)”)
4：Kenta-san must not take Pochi for a walk. (“さんぽには行かないでくださいね。(*l.*6)”)

1：吃晚饭前健太给泡奇喂药和牛奶。（“ばんごはんをあげる前に、どちらもポチにあげてください。（*l.*5～6）”）
2：医院是昨天妈妈去的。（“きのうびょういんでもらいました。（*l.*4～5）”）
4：健太不能带泡奇去散步。（“さんぽには行かないでくださいね。（*l.*6）”）

1：Kenta sẽ cho Pochi uống thuốc và sữa trước bữa tối. (“ばんごはんをあげる前に、どちらもポチにあげてください。(dòng 5-6)”)
2：Hôm qua người mẹ đã đưa đi bệnh viện rồi. (“きのうびょういんでもらいました。(dòng 4-5)”)
4：Kenta không được đưa Pochi đi dạo. (“さんぽには行かないでくださいね。(dòng 6)”)

問《と》いの文《ぶん》：この　メモを　読《よ》んで、けんたさんは［はじめに］何《なに》を　しますか。

➔ ・「～てください」がある文《ぶん》に注目《ちゅうもく》しましょう。けんたさんは何《なに》をしなければいけませんか。
・けんたさんはどんな順番《じゅんばん》でしますか。

・Focus on the sentence with “～てください.” What must Kenta-san do?　・In what order must Kenta-san do these things?
・注意有“～てください”的句子。健太必须做什么？　・健太要先做什么后做什么？
・Lưu ý câu có chứa “～てください”. Kenta phải làm gì?　・Kenta sẽ làm theo thứ tự nào?

けんたへ

はこの　中《なか》に［ポチの　くすり］と［ミルク］が　あります。きのう　びょういんで　もらいました。ばんごはんを［あげる　前《まえ》に］、［どちらも］　ポチに［あげて　ください］。

［後《あと》ですること※1］　［先《さき》にすること※2］

さんぽには　行《い》かないで　くださいね。

母《はは》

※1　後《あと》ですること：The action done afterwards　后做的事　việc làm sau

※2　先《さき》にすること：The action done first　先做的事　việc làm trước

➔ **ポイント**

けんたさんが、しなければいけないこと：

・薬《くすり》とミルクをポチにあげる ←先《さき》に（＝はじめに）すること＝**選択肢《せんたくし》3**

・その後《あと》で、晩《ばん》ご飯《はん》をあげる

What Kenta-san must do:
・Give the medicine and milk to Pochi ← This is what he must do first（＝はじめに）＝ Option 3
・After that, he must give Pochi his dinner

健太必须做的事情：
・给泡奇喂药和牛奶 ←先（＝はじめに）做的事情＝选项３
・然后给泡奇喂晚饭

Việc Kenta phải làm:
・Cho Pochi uống thuốc và sữa ← việc làm trước（＝はじめに）＝lựa chọn 3
・Sau đó cho Pochi ăn tối

5 回目 p.18 ～ p.21

もんだい I

問《とい》 I **正解《せいかい》 2**

1：ねこはいるが、売《う》っているとは書《か》かれていない。(「ここには かわいい ねこが いて、ねこに 会《あ》いに 来《く》る 人《ひと》も いました。(*l*.4)」)
3：動物《どうぶつ》の飲《の》み物《もの》があるとは書《か》かれていない。
4：動物《どうぶつ》の医者《いしゃ》がいるとは書《か》かれていない。

1：There is a cat there, but the passage does not state that cats are being sold.（"ここにはかわいいねこがいて、ねこに会いに来る人もいました。(*l*.4)"）
3：The passage does not state that there are drinks for animals.
4：The passage does not state that there is a vet.

1：店里有猫，但是文章没有提及猫是在出售的。（"ここにはかわいいねこがいて、ねこに会いに来る人もいました。(*l*.4)"）
3：文章没有提及有动物的饮料。
4：文章没有提及有兽医。

1：Quán có mèo nhưng không ghi là mèo để bán.（"ここにはかわいいねこがいて、ねこに会いに来る人もいました。(dòng 4)"）
3：Không ghi là có đồ uống cho thú vật.
4：Không ghi là có bác sĩ thú y.

問《と》いの文《ぶん》：[この 店《みせ》]は[どんな 店《みせ》]ですか。

➔ ・「この」が何《なに》を指《さ》しているか、その前《まえ》の部分《ぶぶん》をよく見《み》て、探《さが》しましょう。
・「この店《みせ》」の特徴《とくちょう》は何《なん》ですか。

・Search for what "この" refers to by carefully reading the section before it. ・What are the characteristics of "この店"?
・认真阅读前面的文章寻找"この"指什么。 ・"この店"的特点是什么？
・Hãy đọc kỹ phần đứng trước và tìm xem "この" đang chỉ cái gì. ・Đặc trưng của "この店" là gì?

（*l*.1 ～ *l*.6）

わたしは　どうぶつが　すきです。18 さいの　時《とき》、大学《だいがく》に　入《はい》って　どうぶつの

べんきょうを　いろいろ　しました。大学《だいがく》は　お金《かね》が　かかりますから、

わたしは

じゅぎょうが　ない　日《ひ》は　きっさてん　で　はたらきました。ここ　には　かわいい

ねこが　いて、ねこに　会《あ》いに　来《く》る　人《ひと》も　いました。この　店《みせ》の　しごとは

たのしかったです。おいしい　コーヒーの　つくりかたも　おぼえました。

今《いま》でも　よく　つくります。

➔ **ポイント**

この店《みせ》：・「わたし」が働《はたら》いていた喫茶店《きっさてん》

・かわいいねこがいる

⇓

ねこがいる喫茶店《きっさてん》＝**選択肢《せんたくし》2**

This café:
・is the café that "I" was working at
・has a cute cat
⇒ A café with a cat = Option 2

这家店：
・"我"曾经工作过的咖啡店
・店里有可爱的猫
⇒有猫的咖啡店＝选项 2

Quán này:
・Là quán nước "tôi" từng làm việc
・Có mèo dễ thương
⇒ Quán nước có mèo = lựa chọn 2

問《とい》2　　正解《せいかい》　4

1：もう大学《だいがく》は卒業《そつぎょう》した。（「大学《だいがく》を　出《で》て（＝卒業《そつぎょう》して）から、どうぶつの　びょういんで　はたらいて　います。（*l*.7）」）

2：喫茶店《きっさてん》で働《はたら》いていたのは、大学《だいがく》の時《とき》。（「（大学《だいがく》の）じゅぎょうが　ない　日《ひ》は　きっさてんで　はたらきました。（*l*.3）」）

3：コーヒーは今《いま》でも作《つく》るが、売《う》っているわけではない。

1：The writer has already graduated from university.（"大学を出て（＝ graduated）から、どうぶつのびょういんではたらいています。（*l*.7）"）
2：The time when the writer worked at the café was during university.（"（大学の）じゅぎょうがない日はきっさてんではたらきました。（*l*.3）"）
3：The writer still makes coffee now, but doesn't sell it.

1："我"已经大学毕业了。（"大学を出て（＝毕业了）から、どうぶつのびょういんではたらいています。（*l*.7）"）
2："我"在咖啡店工作是读大学时的事情。（"（大学の）じゅぎょうがない日はきっさてんではたらきました。（*l*.3）"）
3："我"现在也会调制咖啡，但并没有在卖咖啡。

1：Người viết đã tốt nghiệp đại học rồi.（"大学を出て（＝tốt nghiệp xong）から、どうぶつのびょういんではたらいています。（dòng 7）"）
2：Người viết làm việc ở quán nước khi còn là sinh viên.（"（大学の）じゅぎょうがない日はきっさてんではたらきました。(dòng 3）"）
3：Người viết hiện tại vẫn pha cà phê nhưng không phải để bán.

問《と》いの文《ぶん》：「わたし」は 今《いま》 何《なに》を して いますか。

➔ 今《いま》、していることを探《さが》しましょう。

Search for what "I" do now.
寻找"我"现在正在做的事情。
Hãy tìm việc "tôi" đang làm trong hiện tại.

(*l*.7 ～ *l*.9)

わたしは 大学《だいがく》を 出《で》てから、どうぶつの びょういんで はたらいて います。[今《いま》、していること※] わたしは 毎日《まいにち》 びょうきの どうぶつを みて います。[今《いま》、していること] わたしは もっと たくさん べんきょうして、じぶんの びょういんを もちたいです。

※ 今《いま》、していること：What "I" do now "我"现在正在做的事情 Việc "tôi" đang làm trong hiện tại

➔ **ポイント**

「わたし」が今《いま》していること：・動物《どうぶつ》の病院《びょういん》で働《はたら》いている
・毎日病気《まいにちびょうき》の動物《どうぶつ》をみている

⇓

動物《どうぶつ》の医者《いしゃ》をしている＝**選択肢《せんたくし》4**

What "I" do now:	"我"现在正在做的事情：	Việc "tôi" hiện đang làm:
・Work at the vet	・在动物医院工作	・Làm việc ở bệnh viện thú y
・Examine sick animals every day	・每天给生病的动物看病	・Khám cho thú vật bị bệnh mỗi ngày
⇒ Work as a vet = Option 4	⇒当兽医＝选项 4	⇒ Đang làm bác sĩ thú y = lựa chọn 4

❖ 文法《ぶんぽう》・表現《ひょうげん》

◆ **[人《ひと》] は／がVている**
(動詞《どうし》て形《けい》)

ある人《ひと》の習慣《しゅうかん》や職業《しょくぎょう》などを表《あらわ》す

This expresses a person's habits, work, etc.
表示某个人的习惯或者职业
Biểu thị thói quen hay nghề nghiệp của người nào đó

「(**わたしは**) 毎日《まいにち》びょうきのどうぶつを**みています。**」

[選択肢《せんたくし》 4]

「(**わたしは**) どうぶつのいしゃを**しています。**」

もんだい２

問《と》い　正解《せいかい》　４

１・２：飲《の》み物《もの》はレーさんが持《も》っていく。

（「……レーさんが　のみものを買《か》いますから……（*l*.3～4）」）

３：寿司《すし》はゆいさんが作《つく》る。

（「わたし（＝ゆいさん）が　すしをつくって……（*l*.3）」）

1/2 : Ray-san will bring the drinks. (“……レーさんがのみものを買いますから……（*l*.3-4)”)
3 : Yui-san will make the sushi. (“わたし（＝ゆいさん）がすしをつくって……（*l*.3)”)

１・２：饮料是小雷带去。（“……レーさんがのみものを買いますから……（*l*.3～4)”）
３：寿司是由衣做。（“わたし（＝ゆいさん）がすしをつくって……（*l*.3)”）

1, 2 : Đồ uống sẽ do Ray mang đi. (“……レーさんがのみものを買いますから……（*l*.3-4)”)
3 : Sushi thì Yui sẽ làm. (“わたし（＝ゆいさん）がすしをつくって……（dòng 3)”)

問《と》いの文《ぶん》：ファオさんは　パーティーに　何《なに》を　もって　いきますか。

➔ ゆいさんはファオさんに何《なに》をお願《ねが》いしていますか。

What is Yui-san asking Fao-san to do?
由衣请求小冯做什么事情？
Yui đang nhờ Fao làm gì?

> ファオさん
>
> あしたの　パーティーは　わたしが　すしを　つくって、レーさんが　のみものを
>
> （ファオさんは）
>
> 買《か》いますから、おかしを　おねがいします。今《いま》　あついですから、
>
> ＝お菓子《かし》を持《も》ってきてください
>
> つめたい　ものが　いいです。
>
> ＝冷《つめ》たいお菓子《かし》
>
> ゆい

➔ **ポイント**

ファオさんへのお願《ねが》い：明日《あした》のパーティに冷《つめ》たいお菓子《かし》を持《も》ってきてください＝**選択肢《せんたくし》４**

Request to Fao-san: Please bring a cold dessert to tomorrow's party = Option 4
请求小冯做的事情：请带冰镇的点心参加明天的派对＝选项 4
Nhờ Fao: Hãy mang bánh kẹo lạnh tới bữa tiệc ngày mai! = lựa chọn 4

❖ 文法《ぶんぽう》・表現《ひょうげん》

◆Nをお願《ねが》いします
（名詞《めいし》）

Nを依頼《いらい》する（Nを持《も》ってくること、買《か》ってくること、など）

This is used to request N (bringing N, buying N, etc.)
把 N 拜托给对方（请对方带来或者买来 N）
Nhờ vả việc N (mang / mua N v.v.)

「おかし**をおねがいします。**」
N

6 回目　p.22 ～ p.23

もんだい I

問《とい》 I　　正解《せいかい》　1

2：姉《あね》は料理《りょうり》をしない。(「(あねは) だいどころも　つかいません。(*l*.9)」)

3：母《はは》は、前《まえ》に料理《りょうり》を「わたし」に教《おし》えてくれた。今《いま》作《つく》ってくれているのではない。(「いつもは　母《はは》に　ならった　りょうりですが……（*l*.3)」)

4：日本人《にほんじん》に料理《りょうり》を習《なら》いたいと思《おも》っているが、今《いま》、日本人《にほんじん》が作《つく》ってくれるわけではない。(「(わたしは) 日本人《にほんじん》に　りょうりを　ならいたいです。(*l*.4 ～ 5)」)

2：“My” sister does not cook. (“(あねは) だいどころもつかいません。(*l*.9)”)
3：“My” mother taught “me” to cook previously. She does not cook for “me” now. (“いつもは母にならったりょうりですが…… (*l*.3)”)
4：“I” want to learn cooking from a Japanese person. A Japanese person is not cooking for “me” now. (“(わたしは) 日本人にりょうりをならいたいです。(*l*.4-5)”)

2：姐姐不做饭。(“(あねは) だいどころもつかいません。(*l*.9)”)
3：妈妈原来教过“我”做饭。并不是现在在给“我”做饭。(“いつもは母にならったりょうりですが…… (*l*.3)”)
4：“我”虽然想跟日本人学习做饭，但是现在并不是日本人在给“我”做饭。(“(わたしは) 日本人にりょうりをならいたいです。(*l*.4 ～ 5)”)

2：Chị không nấu ăn. (“(あねは) だいどころもつかいません。(dòng 9)”)
3：Mẹ đã dạy “tôi” nấu ăn lúc trước nhưng không nấu ăn dùm trong hiện tại. (“いつもは母にならったりょうりですが…… (dòng 3)”)
4：Người viết muốn học nấu ăn từ người Nhật nhưng hiện tại không phải người Nhật nấu dùm. (“(わたしは) 日本人にりょうりをならいたいです。(dòng 4-5)”)

問《と》いの文《ぶん》：「わたし」の　うちでは　だれが　[ごはんを　つくって　います]か。

➔ 誰《だれ》がご飯《はん》を作《つく》りますか。＝料理《りょうり》をしますか／料理《りょうり》を作《つく》りますか。

(*l*.1 ～ *l*.5)

わたしは　あねと　ふたりで　すんで　います。

わたしは　いえの　中《なか》で　[だいどころ]が　いちばん　すきです。[ここ](わたしは)で

毎日《まいにち》　[りょうりを　します]。いつもは　母《はは》に　ならった　りょうりですが、

ときどき(わたしは)　本《ほん》を　見《み》ながら　[日本《にほん》の　りょうりも　つくります](わたしは)。日本人《にほんじん》に

りょうりを　ならいたいです。

ポイント

・「わたし」は台所《だいどころ》で毎日料理《まいにちりょうり》をする

・「わたし」はときどき日本《にほん》の料理《りょうり》も作《つく》る

⇓

料理《りょうり》を作《つく》る人《ひと》＝「わたし」＝**選択肢《せんたくし》 1**

・"I" cook in the kitchen every day
・"I" sometimes cook Japanese food
⇒ The person who cooks = "I" = Option 1

・"我"每天在厨房做饭
・"我"偶尔也做日餐
⇒做饭的人＝"我"＝选项 1

・"Tôi" nấu ăn mỗi ngày trong bếp
・"Tôi" thỉnh thoảng nấu món Nhật
⇒ Người nấu ăn = "tôi" = lựa chọn 1

問《とい》2　**正解《せいかい》 3**

1：姉《あね》が料理《りょうり》が好《す》きかどうかは書《か》かれていない。

2：姉《あね》はパソコンを使《つか》って仕事《しごと》をする。作《つく》っているわけではない。(「あねは……パソコンを つかって しごとを して います。(*l.*7～8)」)

4：姉《あね》がよく話《はなし》をする人《ひと》かどうかは書《か》かれていない。

1：The passage does not state whether the writer's sister likes cooking or not.
2：The writer's sister works on a computer. She does not make computers. ("あねは……パソコンをつかってしごとをしています。(*l.*7-8)")
4：The passage does not state whether the writer's sister talks a lot or not.

1：文章没有提及姐姐是否喜欢做饭。
2：姐姐使用电脑工作。但并不是在制造电脑。("あねは……パソコンをつかってしごとをしています。(*l.*7～8)")
4：文章没有提及姐姐是否是爱说话的人。

1：Văn bản không ghi là chị có thích nấu ăn hay không.
2：Chị làm việc bằng máy vi tính, không phải làm ra nó. ("あねは……パソコンをつかってしごとをしています。(dòng 7-8)")
4：Không ghi là chị có thường nói chuyện hay không.

問《と》いの文《ぶん》：「わたし」の あねは どんな 人《ひと》ですか。

➔ 姉《あね》についてまとめましょう。

Summarize information about the writer's sister.
归纳与姐姐相关的信息。
Hãy tóm tắt những mô tả về chị.

[「わたし」について※]
- わたしは　あねと　ふたりで　すんで　います。
- わたしは　いえの　中《なか》で　だいどころが　いちばん　すきです。
- ……
- 日本人《にほんじん》に　りょうりを　ならいたいです。

だいどころの　となりは　あね の　へやです。この　へやには　パソコンが　3だい　あります。あねは　毎日《まいにち》　ここで　パソコンを　つかって　しごとを　して　います。（あねは）しごとが　たくさん　ありますから、あまり　へやから　出《で》ません。（あねは）だいどころも　つかいません。わたしは　もっと　あねと　話《はなし》が　したいです。

＝とても忙《いそが》しいです

※ 「わたし」について：About "me"　关于"我"　nói về "tôi"

➜ ポイント

・姉《あね》は毎日《まいにち》パソコンを使《つか》って仕事《しごと》をしている

・姉《あね》は仕事《しごと》がたくさんあるから、あまり部屋《へや》から出《で》ない

⇓

姉《あね》は仕事《しごと》が忙《いそが》しい人《ひと》＝**選択肢《せんたくし》3**

- The writer's sister works on a computer every day
- The writer's sister has a lot of work to do, so she does not come out of her room often

⇒ The writer's sister is a busy person ＝ Option 3

- 姐姐每天使用电脑工作。
- 姐姐有很多工作，很少离开房间。

⇒姐姐很忙＝选项 3

- Chị làm việc bằng máy vi tính mỗi ngày
- Công việc nhiều nên ít khi ra khỏi phòng

⇒ Chị là người bận rộn với công việc ＝lựa chọn 3

もんだい 2

問《と》い　　**正解《せいかい》　4**

1・3：教室《きょうしつ》ではなくうちで習《なら》う。学校《がっこう》には行《い》かない。(「じぶん　いえの　パソコンで　べんきょうする　クラスです。(*l*.3～4)」)

2：新《あたら》しい先生《せんせい》ではなく、今習《いまなら》っている先生《せんせい》。(「先生《せんせい》は　今《いま》　みなさんを　おしえて　いる　西先生《にしせんせい》です。(*l*.5)」)

1/3：The students will take the new class at home, not in a classroom. They will not go to a school. (“じぶんのいえのパソコンでべんきょうするクラスです。(*l*.3-4)”)

2：The teacher of the new class is a teacher the students are currently learning from, not a new one. (“先生は今みなさんをおしえている西先生です。(*l*.5)”)

1・3：新的班不是在教室学习，而是在家学习。不去学校。(“じぶんのいえのパソコンでべんきょうするクラスです。(*l*.3～4)”)

2：新班的老师不是新老师，而是现在正在跟随学习的老师。(“先生は今みなさんをおしえている西先生です。(*l*.5)”)

1, 3：Lớp mới không phải học ở phòng học mà là ở nhà. Người học không đến trường. (“じぶんのいえのパソコンでべんきょうするクラスです。(dòng 3-4)”)

2：Giáo viên của lớp mới không phải là giáo viên mới mà là người đang dạy. (“先生は今みなさんをおしえている西先生です。(dòng 5)”)

問《と》いの文《ぶん》：どんな　人《ひと》が　9日《か》までに　学校《がっこう》に　メールしますか。

➔ メールする人《ひと》の情報《じょうほう》を下線部《かせんぶ》の前《まえ》から探《さが》しましょう。

Search for the people who should send an email before the underlined section.
从画线处的前面寻找要发邮件的人的信息。
Hãy tìm thông tin về người sẽ gửi email ở chỗ nằm trước phần gạch dưới.

みなさんへ

来月《らいげつ》　新《あたら》しい　クラスが　はじまります。じぶんの　いえの　パソコンで　べんきょうする　クラスです。オンラインで　先生《せんせい》に　ならいます。先生《せんせい》は　今《いま》　みなさんを　おしえて　いる　西先生《にしせんせい》です。

この　クラスに　入《はい》りたい　人《ひと》は　9日《か》までに　学校《がっこう》に　メールして　ください。

モリ日本語学校《にほんごがっこう》

➔ **ポイント**

・メールする人《ひと》＝「このクラス」に入《はい》りたい人《ひと》

・「このクラス」＝「自分《じぶん》の家《いえ》のパソコンで勉強《べんきょう》するクラス」＝オンラインで勉強《べんきょう》する
　クラス

⇓

オンラインで日本語《にほんご》を勉強《べんきょう》したい人《ひと》がメールをする＝**選択肢《せんたくし》4**

・People who need to send an email = people who want to enter “このクラス”
・“このクラス” = “自分の家のパソコンで勉強するクラス” = a class for studying online
⇒ People who want to study Japanese online need to send an email = Option 4

・要发邮件的人＝想报“このクラス”的人
・“このクラス”＝“自分の家のパソコンで勉強するクラス”＝在线学习的班
⇒想要在线学习日语的人要发邮件＝选项 4

・Người sẽ gửi email = người muốn học “このクラス”
・“このクラス” = “自分の家のパソコンで勉強するクラス” = lớp học trực tuyến
⇒ Người muốn học tiếng Nhật trực tuyến sẽ gửi email = lựa chọn 4

❖ 文法《ぶんぽう》・表現《ひょうげん》

◆名詞《めいし》の修飾部分《しゅうしょくぶぶん》がどこからどこまでか、注意《ちゅうい》して読《よ》もう

※名詞《めいし》を□で囲《かこ》み、修飾部分《しゅうしょくぶぶん》に下線《かせん》を引《ひ》くと、とてもわかりやすくなります！

◆ Pay attention to where the section modifying a noun begins and ends when reading
※ If you draw a box □ around the noun and underline the section modifying the noun, it makes the sentences very easy to understand!
◆阅读时注意名词前面的修饰成分是从哪里到哪里
※ 用□符号把名词圈起来，在修饰成分下面画上线，这样就一目了然！
◆ Khi đọc hãy chú ý xem phần bổ nghĩa cho danh từ là từ đâu tới đâu
※ Nếu bạn đóng khung danh từ rồi gạch dưới phần bổ nghĩa thì sẽ dễ hiểu hơn nhiều đấy!

じぶんのいえのパソコンでべんきょうする **クラス**
（修飾部分《しゅうしょくぶぶん》）（名詞《めいし》）

今《いま》みなさんをおしえている **西先生《にしせんせい》**
（修飾部分《しゅうしょくぶぶん》）（名詞《めいし》）

このクラスに入《はい》りたい **人《ひと》**
（修飾部分《しゅうしょくぶぶん》）（名詞《めいし》）

7 回目　p.24 〜 p.25

もんだい I

問《とい》 I　**正解《せいかい》 2**

1：アメリカの人《ひと》が勉強《べんきょう》が嫌《きら》いとは書《か》かれていない。勉強《べんきょう》が嫌《きら》いなのは、「わたし」。（「わたしは　べんきょうが　きらいで……（*l*.1）」）

3：アメリカの人《ひと》は日本《にほん》には住《す》んでいない。（「日本《にほん》に　行《い》って、ゲームを　つくりたいです。（*l*.3）」）

4：アメリカの人《ひと》が映画《えいが》が好《す》きだとは書《か》かれていない。映画《えいが》が好《す》きなのは、「わたし」。（「（わたしは）えいがが　すきですから……（*l*.6 〜 7）」）

1 : The passage does not state that the American dislikes studying. "I" am the one that does not like studying. ("わたしはべんきょうがきらいで…… (*l*.1)")
3 : The American does not live in Japan. ("日本に行って、ゲームをつくりたいです。(*l*.3)")
4 : The passage does not state that the American likes movies. "I" am the one who likes movies. ("(わたしは) えいががすきですから…… (*l*.6-7)")

1：文章没有提及美国人不喜欢学习。不喜欢学习的是"我"。（"わたしはべんきょうがきらいで……（*l*.1）"）
3：美国人没有住在日本。（"日本に行って、ゲームをつくりたいです。（*l*.3）"）
4：文章没有提及美国人喜欢电影。喜欢电影的是"我"。（"（わたしは）えいががすきですから……（*l*.6 ～ 7）"）

1 : Văn bản không ghi là người Mỹ đó ghét học. Người ghét học là "tôi". ("わたしはべんきょうがきらいで……(dòng 1)")
3 : Người Mỹ đó hiện không sống ở Nhật. ("日本に行って、ゲームをつくりたいです。(dòng 3)")
4 : Không ghi là người Mỹ đó thích phim ảnh. Người thích phim ảnh là "tôi". ("（わたしは）えいがが すきですから……(dòng 6-7)")

問《と》いの文《ぶん》：①アメリカの　人《ひと》は　どんな　人《ひと》ですか。

➔ アメリカの人《ひと》の特徴《とくちょう》を探《さが》しましょう。

Search for the characteristics of the American.
寻找美国人的特点。
Hãy tìm những đặc trưng của người Mỹ đó.

(*l*.1 ～ *l*.5)

わたしは　べんきょうが　きらいで、毎日《まいにち》　オンラインゲームを　して　いました。きょねん　その　ゲームで　①アメリカの　人《ひと》に　会《あ》いました。その　人《ひと》は　「日本《にほん》のゲームが　すきですから、日本《にほん》に　行《い》って、ゲームを　つくりたいです。だから、日本語《にほんご》を　べんきょうして　います。」と　言《い》いました。日本語《にほんご》もゲームも　じょうずでした。とても　かっこよかったです。

その人《ひと》は
その人《ひと》は

➔ **ポイント**

アメリカの人《ひと》：

・日本《にほん》のゲームが好《す》き

・日本《にほん》に行《い》って、ゲームを作《つく》りたい＝今《いま》は日本《にほん》にいない

・日本語《にほんご》を勉強《べんきょう》している

・日本語《にほんご》もゲームも上手《じょうず》で、かっこいい

⇓

日本語《にほんご》が上手《じょうず》な人《ひと》＝**選択肢《せんたくし》2**

The American:
・He likes Japanese games
・He wants to go to Japan and create games = he is not there now
・He is studying Japanese
・He is good at Japanese and gaming, and is cool
⇒ He is someone who is good at Japanese = Option 2

美国人：
・他喜欢日本游戏
・他想去日本开发游戏＝现在没有住在日本
・他正在学习日语
・他日语很好，也很擅长打游戏，很棒
⇒他是日语很好的人＝选项 2

Người Mỹ đó:
・Thích trò chơi điện tử của Nhật
・Muốn đến Nhật để làm ra trò chơi điện tử = Hiện không ở Nhật
・Đang học tiếng Nhật
・Giỏi cả tiếng Nhật lẫn chơi trò chơi điện tử nên ngầu
⇒ Là người giỏi tiếng Nhật = lựa chọn 2

問《とい》2　　正解《せいかい》　3

1：映画《えいが》は好《す》きだが、映画《えいが》を見《み》ることが英語《えいご》を勉強《べんきょう》する目的《もくてき》だとは書《か》かれていない。

2：英語《えいご》でゲームをしたいとは書《か》かれていない。

4：友《とも》だち（＝アメリカの人《ひと》）と話《はな》すのに英語《えいご》を使《つか》っているが、それが英語《えいご》を勉強《べんきょう》する目的《もくてき》だとは書《か》かれていない。

1：The writer likes movies, but the passage does not state that watching movies is his objective for studying English.
2：The passage does not state that the writer wants to play games in English.
4：The writer uses English when talking to his friend (= the American), but the passage does not state that this is his objective for studying English.

1：虽然"我"很喜欢电影，但是文章没有提及他看电影是为了学习英语。
2：文章没有提及"我"想用英语打游戏。
4：虽然"我"用英语和朋友（= 美国人）对话，但是文章没有提及这样做是为了学习英语。

1：Tuy người viết thích phim ảnh nhưng không ghi rằng mục đích học tiếng Anh là để xem phim.
2：Không ghi rằng người viết muốn chơi trò chơi điện tử bằng tiếng Anh.
4：Người viết nói chuyện với bạn（= người Mỹ）bằng tiếng Anh nhưng không ghi rằng đó là mục đích học tiếng Anh.

問《と》いの文《ぶん》：「わたし」は　どうして　②えいごの　べんきょうを　して　いますか。

➔ 下線《かせん》がある文《ぶん》の前《まえ》だけでなく、後《うし》ろも見《み》て、「理由《りゆう》」を読《よ》み取《と》りましょう。

Look not only before the underlined phrase but also after it to find "the reason."
不仅要看画线句子的前面，画线句子的后面也要看，来理解"原因"。
Hãy đọc và tìm ra "lý do" không chỉ từ phần nằm trước câu có gạch dưới mà cả ở sau đó nữa.

わたしは　べんきょうが　きらいで、毎日《まいにち》　オンラインゲームを　して いました。きょねん　その　ゲームで　アメリカの　人《ひと》に　会《あ》いました。

[アメリカの人《ひと》について≠わたしのこと※1]
その　人《ひと》は……
日本語《にほんご》も　ゲームも　じょうずでした。とても　かっこよかったです。

今《いま》　わたしも　②えいごの　べんきょうを　して　います。［わたしは］えいがが すきですから、アメリカに　行《い》って、えいがを　べんきょうしたいです。［理由《りゆう》※2］ゲームで 会《あ》った　アメリカの　人《ひと》は、今《いま》は　いい　友《とも》だちです。［わたしはアメリカの人《ひと》と］いっしょに　日本語《にほんご》で 話《はな》したり、えいごで　話《はな》したり　して　います。

※1　アメリカの人《ひと》について≠わたしのこと：Things about the American ≠ things about "me"　关于美国人≠我　về người Mỹ ≠ về "tôi"

※2　理由《りゆう》：Reason　原因　lý do

ポイント

・「わたし」は映画《えいが》が好《す》き

・アメリカで映画《えいが》を勉強《べんきょう》したい（理由《りゆう》）＝**選択肢《せんたくし》3**

→だから、今《いま》、英語《えいご》を勉強《べんきょう》している（結果《けっか》）

・"I" like movies
・Want to study movies in America (reason) = Option 3
→ Therefore, "I" am currently studying English (result)

・"我"喜欢电影
・想在美国学习电影（原因）＝选项 3
→因此，现在在学习英语（结果）

・"Tôi" thích phim ảnh
・Muốn học về phim ảnh ở Mỹ (lý do) = lựa chọn 3
→ Cho nên đang học tiếng Anh (kết quả)

もんだい 2

問《と》い　正解《せいかい》　2

1：言葉《ことば》は勉強《べんきょう》した。(「わたしは　きのう　ことばを　たくさん　おぼえましたが……（*l*.2)」)

3・4：忘《わす》れたのは、漢字《かんじ》の勉強《べんきょう》。(「……かんじの　べんきょうを　わすれました。(*l*.2 ～ 3)」)

1 : The writer studied the words. ("わたしはきのうことばをたくさんおぼえましたが…… (*l*.2)")
3/4 : What the writer forgot to do was to study kanji. ("……かんじのべんきょうをわすれました。(*l*.2-3)")

1："我"背单词了。("わたしはきのうことばをたくさんおぼえましたが……（*l*.2)")
3・4："我"忘记的事情是学习汉字。("……かんじのべんきょうをわすれました。(*l*.2 ～ 3)")

1：Người viết đã học từ vựng. ("わたしはきのうことばをたくさんおぼえましたが……（dòng 2)")
3, 4：Thứ người viết đã quên là việc học Hán tự. ("……かんじのべんきょうをわすれました。(dòng 2-3)")

問《と》いの文《ぶん》：どうして　たくさん　まちがえましたか。

・何《なに》を間違《まちが》えましたか。
・下線《かせん》がある文《ぶん》の前《まえ》を見《み》て、「間違《まちが》えた理由《りゆう》」を読《よ》み取《と》りましょう。

・What did the writer get wrong?　・Look at the sections before the underlined phrase to find "the reason why the writer got them wrong."
・"我"什么地方做错了？　・看下面画线句子的前面，理解"做错了的原因"。
・Người viết đã sai cái gì?　・Hãy xem phần nằm trước câu có gạch dưới để tìm ra "lý do sai".

今日《きょう》　テストが　ありました。テストには　かんじが　たくさん　ありました。

わたしは　きのう　ことばを　たくさん　おぼえましたが、（わたしは）かんじの　べんきょうを　わすれました。（わたしはそのテストの答《こた》えを）たくさん　まちがえました。

[理由《りゆう》※1]　[結果《けっか》※2]

＝「わたし」は漢字《かんじ》を勉強《べんきょう》しませんでした

※1　理由《りゆう》：Reason　原因　lý do

※2　結果《けっか》：Result　结果　kết quả

ポイント

・今日《きょう》のテスト：漢字《かんじ》がたくさんあった

・「わたし」は漢字《かんじ》の勉強《べんきょう》を忘《わす》れた＝漢字《かんじ》を勉強《べんきょう》しなかった（理由《りゆう》）＝**選択肢《せんたくし》 2**

→「わたし」はテストの答《こた》えを間違《まちが》えた（結果《けっか》）

・Today's test: There were a lot of kanji
・"I" forgot to study kanji = did not study kanji (reason) = Option 2
→ "I" got the answers to the test wrong (result)

・今天的考试：有很多考查汉字的题
・"我"忘记学习汉字了＝没有学习汉字（原因）＝选项 2
→ "我"考试题做错了（结果）

・Bài kiểm tra hôm nay: có nhiều Hán tự
・"Tôi" đã quên học Hán tự = không học Hán tự (lý do) = lựa chọn 2
→ "Tôi" đã trả lời sai trong bài kiểm tra (kết quả)

8 回目　p.26 ～ p.27

もんだい I

問《とい》 I　**正解《せいかい》 4**

問《と》いの文《ぶん》：「わたし」は 何時《なんじ》ごろ うみに つきましたか。

・「わたし」はどうやって海《うみ》に行《い》きましたか。

・何時《なんじ》にどこにいましたか。どこから、どこまで、どのぐらいかかりましたか。

・How did "I" go to the sea?　・Where was "I" and at what time? From where to where did "I" go, and how long did it take?
・"我"如何去的海边?　・"我"几点在哪里? 从哪里到哪里，花费了多少时间?
・"Tôi" đi tới biển bằng cách nào?　・Mấy giờ thì tới chỗ nào? Đi từ đâu tới đâu, mất bao lâu?

(*l*.1 ～ *l*.6)

わたしは 土曜日《どようび》に うみへ 行《い》きました。うみの 絵《え》が かきたかったからです。あさ 10時半《じはん》に うちを 出《で》ました。電車《でんしゃ》の 中《なか》で まどの 外《そと》を 見《み》ながら おべんとうを 食《た》べました。うみが あおくて、きれいでした。

電車《でんしゃ》を おりてから、午後《ごご》 1時《じ》ごろ バスに のりました。うみの ちかくまで バスで 25分《ふん》 かかりました。バスていから うみまで あるいて 5分《ふん》でした。バスの 中《なか》は あたたかかったですが、外《そと》は さむかったです。

（うみの ちかく ＝海《うみ》の近《ちか》く）

➔ **ポイント**

時間《じかん》：　1：00　　　1：25　　　1：30

［電車《でんしゃ》を降《お》りて、バスに乗《の》る］ **＋25分《ふん》** ➡ ［海《うみ》の近《ちか》く（バス停《てい》）］ **＋5分《ふん》** ➡ ［海《うみ》］

"I" got off the train and got on the bus
从电车下车，乘坐公交车
Xuống tàu điện, lên xe buýt

Near the sea（the bus stop）
靠近海边的地方（公交车站）
gần biển（trạm xe buýt）

The sea
海边
biển

⇓

「わたし」は午後《ごご》１時半《じはん》ごろ海《うみ》に着《つ》いた＝**選択肢《せんたくし》4**

"I" reached the sea at around 1:30 p.m. = Option 4.　"我"大约下午一点半到达海边 = 选项 4　"Tôi" đến biển khoảng 1 giờ rưỡi trưa = lựa chọn 4

問《とい》2　　**正解《せいかい》 1**

２：「わたし」が描《か》いたのはおじいさんではない。(「わたしは　うみを　見《み》ながら……絵《え》を　かきました。(*l*.8～9)」)

３・４：絵《え》を描《か》いたのは、「わたし」。おじいさんではない。

(「わたしは　うみを　見《み》ながら　くろい　いろを　たくさん　つかって　(うみの) 絵《え》を　かきました。(*l*.8～9)」)

2 : What "I" drew was not the old man. ("わたしはうみを見ながら……絵をかきました。(*l*.8-9)")
3/4 : "I" was the person who drew the picture. It was not the old man. ("わたしはうみを見ながらくろいいろをたくさんつかって（うみの）絵をかきました。(*l*.8-9)")

2："我"画的不是老爷爷。("わたしはうみを見ながら……絵をかきました。(*l*.8～9)")
3・4：画画的人是"我"。不是老爷爷。("わたしはうみを見ながらくろいいろをたくさんつかって（うみの）絵をかきました。(*l*.8～9)")

2 : Thứ mà "tôi" đã vẽ không phải là ông cụ. ("わたしはうみを見ながら……絵をかきました。(dòng 8-9)")
3, 4 : Người vẽ tranh là "tôi", không phải ông cụ. ("わたしはうみを見ながらくろいいろをたくさんつかって（うみの）絵をかきました。(dòng 8-9)")

問《と》いの文《ぶん》：いい 絵《え》は　どんな　絵《え》ですか。

➔・「絵《え》」について書《か》かれているところを見《み》ましょう。
・誰《だれ》が描《か》いた絵《え》ですか。何《なん》の絵《え》ですか。

・Look at the part of the passage about "the picture."　・Who drew the picture? What was it a picture of?
・阅读文章中叙述关于"画"的部分。　・谁画的? 画的是什么?
・Hãy xem những chỗ viết về "bức tranh".　・Ai đã vẽ tranh? Tranh gì?

(*l*.7～*l*.10)

うみの　天気《てんき》は　あまり　よく　ありませんでした。うみは　くらかったです。わたしは　うみを　見《み》ながら　くろい　いろを　たくさん　つかって　［うみの］ 絵《え》を　かきました。さんぽして　いた　おじいさんが　「いい　絵《え》ですね。」［この絵《え》は］と　言《い》いました。とても　うれしかったです。

ポイント

・「わたし」は、黒《くろ》い色《いろ》を使《つか》って（海《うみ》の）絵《え》を描《か》いた

・おじいさんは、「わたし」が描《か》いた絵《え》を見《み》て、「いい絵《え》ですね。」と褒《ほ》めてくれた

⇓

「わたし」が黒《くろ》い色《いろ》で描《か》いた絵《え》＝**選択肢《せんたくし》1**

・"I" drew the picture (of the sea) in black
・The old man saw the picture that "I" drew and praised it by saying "いい絵ですね."
⇒ The picture drawn by "me" in black = Option 1

・"我"用黑色画的（大海）
・老爷爷看了"我"画的画，表扬我说"いい絵ですね。"
⇒"我"使用黑色画的画＝选项 1

・"Tôi" đã dùng màu đen để vẽ tranh (về biển)
・Ông cụ nhìn bức tranh "tôi" đã vẽ và khen "いい絵ですね。"
⇒ Là bức tranh "tôi" đã vẽ bằng màu đen = lựa chọn 1

もんだい 2

問《と》い　**正解《せいかい》　2**

1：母《はは》にもらったのではない。(「きょねん　たんじょうびに　この　本《ほん》を　おとうとから　もらって……（*l*.1 ～ 2)」)

3：弟《おとうと》にあげたのではなく、弟《おとうと》からもらった。(「きょねん　たんじょうびに　この　本《ほん》を　おとうとから　もらって……（*l*.1 ～ 2)」)

4：母《はは》が弟《おとうと》にあげたのではなく、弟《おとうと》が母《はは》にあげた。(「おとうとは　おなじ　本《ほん》を　母《はは》にも　プレゼントしました（＝あげた)。(*l*.2 ～ 3)」)

1：This book was not from "my" mother. ("きょねんたんじょうびにこの本をおとうとからもらって……（*l*.1-2)")
3："I" did not give this book to "my" brother, but received it from him. ("きょねんたんじょうびにこの本をおとうとからもらって……（*l*.1-2)")
4："My" mother did not give this book to "my" brother. "My" brother gave it to "my" mother. ("おとうとはおなじ本を母にもプレゼントしました（＝gave)。(*l*.2-3)")

1：这本书不是妈妈给我的。("きょねんたんじょうびにこの本をおとうとからもらって……（*l*.1 ～ 2)")
3：这本书不是我给弟弟的，而是弟弟给我的。("きょねんたんじょうびにこの本をおとうとからもらって……（*l*.1 ～ 2)")
4：这本书不是妈妈给弟弟的，而是弟弟给妈妈的。("おとうとはおなじ本を母にもプレゼントしました（＝赠送)。(*l*.2 ～ 3)")

1：Cuốn sách này không phải được mẹ tặng. ("きょねんたんじょうびにこの本をおとうとからもらって……（dòng 1-2)")
3：Không phải tặng cho em trai mà được em tặng. ("きょねんたんじょうびにこの本をおとうとからもらって……（dòng 1-2)")
4：Không phải mẹ tặng cho em trai mà em tặng mẹ. ("おとうとはおなじ本を母にもプレゼントしました（＝đã tặng)。(dòng 2-3)")

問《と》いの文《ぶん》：この　本《ほん》は、どんな　本《ほん》ですか。

・「この本《ほん》」が指《さ》すものをその前《まえ》の部分《ぶぶん》から見《み》つけましょう。
・誰《だれ》が誰《だれ》に「この本《ほん》」をあげましたか。

・Find what "この本" refers to by looking at the section before it.　・Who gave "この本" to whom?
・从"この本"的前面寻找它指代的内容。　・谁把"この本"给谁的?
・Hãy tìm thứ mà "この本" chỉ từ phần phía trước.　・Ai tặng "この本" cho ai?

これは　わたしが　だいすきな　本《ほん》です。きょねん　たんじょうびに（わたしは）この　本《ほん》を　おとうとから　もらって、何《なん》かいも　読《よ》みました。おとうとは　おなじ　本《ほん》を　母《はは》にも　プレゼントしました。この　本《ほん》は　わたしの　友《とも》だちです。

➔ ポイント

・「わたし」はこの本《ほん》を弟《おとうと》からもらった　　弟《おとうと》 —[本《ほん》]→ わたし

・弟《おとうと》は同《おな》じ本《ほん》を母《はは》にもあげた　　弟《おとうと》 —[本《ほん》]→ 母《はは》

⇓

「わたし」が弟《おとうと》にもらった本《ほん》＝**選択肢《せんたくし》2**

・"I" received the book from "my" brother
・"My" brother gave the same book to "my" mother.
⇒ The book that "I" received from "my" brother = Option 2

・弟弟给"我"这本书
・弟弟把相同的书也给了妈妈
⇒弟弟给"我"的书＝选项 2

・"Tôi" được em trai tặng cuốn sách này
・Em tôi cũng tặng cho mẹ một cuốn giống vậy
⇒ Là sách "tôi" được em trai tặng = lựa chọn 2

❖ 文法《ぶんぽう》・表現《ひょうげん》

◆ A は　B に　N をあげる

(あげる人《ひと》)(もらう人《ひと》)(名詞《めいし》)

Aの視点《してん》で述《の》べる

This states A's perspective
站在 A 的角度叙述
Tường thuật theo góc nhìn của A

にんたさんは　にん子《こ》さんに　プレゼントを　あげます。

「おとうと**が**母《はは》**にあげた**本《ほん》」

[A＝あげる人《ひと》]　[B＝もらう人《ひと》]　N

The person who gives / 给出的人 / người cho
The person who receives / 给出的人 / người cho

◆ B は　A に／から　N をもらう

(もらう人《ひと》)(あげる人《ひと》)(名詞《めいし》)

Bの視点《してん》で述《の》べる

This states B's perspective
站在 B 的角度叙述
Tường thuật theo góc nhìn của B

にん子《こ》さんは　にんたさんに／から　プレゼントを　もらいます。

「たんじょうびに（わたし**は**）この本《ほん》をおとうと**からもらって**、……」

[B＝もらう人《ひと》]　N　[A＝あげる人《ひと》]

The person who receives / 得到的人 / người nhận
The person who gives / 给出的人 / người cho

もんだい I

問《とい》 I　正解《せいかい》　4

1：電話《でんわ》をかけたのは、誰《だれ》かと話《はな》すことが目的《もくてき》ではない。

2：女《おんな》の人《ひと》が電話《でんわ》を持《も》っているとは知《し》らなかった。(「しらない　女《おんな》の　人《ひと》が　『もしもし。』と　言《い》いました。(*l*.4 ～ 5)」)

3：家《いえ》に忘《わす》れたとは書《か》かれていない。

1：The objective of phoning was not to talk to someone.
2：The writer did not know that the woman had his/her phone. ("しらない女の人が 'もしもし。' と言いました。(*l*.4-5)")
3：The passage does not state that the writer forgot his/her smartphone at home.

1："我"打电话的目的不是要和谁说话。
2："我"不知道女子拿着自己的智能手机。("しらない女の人が 'もしもし。' と言いました。(*l*.4 ～ 5)")
3：文章没有提及"我"把智能手机忘在家里了。

1：Người viết gọi vào điện thoại không phải nhằm mục đích nói chuyện với người nào đó.
2：Người viết khi đó chưa biết người phụ nữ đang giữ điện thoại. ("しらない女の人が "もしもし。" と言いました。(dòng 4-5)"
3：Văn bản không ghi là người viết đã để quên điện thoại thông minh ở nhà.

問《と》いの文《ぶん》：[どうして]「わたし」は ①わたしの　スマホに　電話《でんわ》を　しましたか。

➔ 下線《かせん》がある文《ぶん》の前《まえ》を見《み》て理由《りゆう》を探《さが》しましょう。

Search for the reason in the part before the underlined section.
看下面画线句子的前面寻找原因。
Hãy xem phần trước câu có gạch dưới và tìm lý do.

(*l*.1 ～ *l*.4)

[困《こま》っている内容《ないよう》※1]
(わたしは) きのう　スマホを　なくしました。(わたしは) いろいろな　ところを　見《み》ましたが、(スマホは) ありませんでした。(わたしは) 学校《がっこう》の　人《ひと》や　駅《えき》の　人《ひと》に　(スマホについて) 聞《き》きましたが、だれも　しりませんでした。
＝スマホのあるところがわからない

(わたしは) とても　こまりました。
[スマホに電話《でんわ》した理由《りゆう》※2]

わたしは　①わたしの　スマホに　電話《でんわ》を　しました。

※1　困《こま》っている内容《ないよう》：The writer's trouble　感到为难的内容　nội dung chuyện rắc rối

※2　スマホに電話《でんわ》した理由《りゆう》：The reason why the writer phoned the smartphone　"我"给智能手机打电话的原因　lý do người viết đã gọi vào chiếc điện thoại thông minh

➔ **ポイント**

・「わたし」はなくしたスマホを探《さが》したが、見《み》つからなかった

・「わたし」はとても困《こま》った（理由《りゆう》）

→「わたし」は「わたし」のスマホに電話《でんわ》した（結果《けっか》）

⇓

スマホのあるところがわからない＝**選択肢《せんたくし》4**

・"I" looked for "my" lost smartphone but could not find it
・"I" was very troubled (reason)
→ "I" phoned "my" own smartphone (result)
⇒ "I" did not know where "my" smartphone was = Option 4

・"我"寻找丢失的智能手机但是没有找到
・"我"感到非常为难（原因）
→"我"给"我"的智能手机拨打了电话（结果）
⇒不知道智能手机在哪里＝选项 4

・"Tôi" đã tìm chiếc điện thoại làm mất nhưng tìm không ra
・"Tôi" đã rơi vào thế kẹt (lý do)
→ "Tôi" đã gọi vào điện thoại của "tôi" (kết quả)
⇒ Không biết điện thoại đang ở đâu = lựa chọn 4

問《とい》2　**正解《せいかい》　4**

1：女《おんな》の人《ひと》が持《も》っていた電話《でんわ》は、女《おんな》の人《ひと》の電話《でんわ》ではなく、「わたし」の電話《でんわ》。

2：女《おんな》の人《ひと》はずっとさくら公園《こうえん》にいた。（「『……じゃあ、ここ（さくらこうえん）でまって　いますから、とりに　来《き》てください。』と　言《い》いました。(*l*.7～8)」）

3：女《おんな》の人《ひと》と電話《でんわ》で友《とも》だちになったとは書《か》かれていない。「わたし」が電話《でんわ》をしたら、女《おんな》の人《ひと》が「わたし」の電話《でんわ》に出《で》た。

1：The phone that the woman had was not her phone, but "mine."
2：The woman was in Sakura Park the whole time. ("'……じゃあ、ここ（さくらこうえん）でまっていますから、とりに来てください。' と言いました。(*l*.7-8)")
3：The passage does not state that the writer became friends with the woman over the phone. "I" phoned and the woman answered "my" phone call.

1：女子拿着的智能手机不是她自己的，而是"我"的。
2：女子一直待在樱花公园。("'……じゃあ、ここ（さくらこうえん）でまっていますから、とりに来てください。' と言いました。(*l*.7～8)")
3：文章没有提及"我"和女子通过打电话成为了朋友。"我"拨打电话之后，女子接了"我"的电话。

1：Chiếc điện thoại mà người phụ nữ đang giữ không phải của cô ta mà là của "tôi".
2：Người phụ nữ đã ở công viên Sakura suốt thời gian đó. (""……じゃあ、ここ（さくらこうえん）でまっていますから、とりに来てください。" と言いました。(dòng 7-8)")
3：Không ghi rằng người viết đã kết bạn với người phụ nữ qua điện thoại. Khi "tôi" gọi vào điện thoại của "tôi" thì người phụ nữ nghe máy.

問《と》いの文《ぶん》：どうして「わたし」は　②「ありがとうございます。」と　言《い》いましたか。

➔ ・「わたし」は誰《だれ》に「ありがとうございます。」と言《い》いましたか。

・下線《かせん》がある文《ぶん》の前《まえ》を読《よ》んで、理由《りゆう》を探《さが》しましょう。

・その人は「わたし」に何《なに》をしてくれましたか。

・Who did "I" say "ありがとうございます。" to?　・Search for the reason in the part before the underlined section.　・What did this person do for "me"?
・"我"对谁说的"ありがとうございます。"？　・看下面画线句子的前面，寻找原因。　・那个人为"我"做了什么？
・"Tôi" đã nói "ありがとうございます。" với ai?　・Hãy đọc phần ở trước câu có gạch dưới rồi tìm lý do.　・Người đó đã làm gì cho "tôi"?

(*l*.4 ～ *l*.10)

わたしは ①わたしの スマホに 電話《でんわ》を しました。

しらない 女《おんな》の 人《ひと》が 「もしもし。」と 言《い》いました。わたしは 「すみません。それは わたしの スマホです。」と 言《い》いました。

このスマホは

その 人《ひと》は 「さくらこうえんの いすの 上《うえ》に ありましたよ。じゃあ、

あなたを　　　　　　　このスマホを

ここで まって いますから、とりに 来《き》て ください。」と 言《い》いました。

＝その人《ひと》は公園《こうえん》でスマホを見《み》つけて、「わたし」を待《ま》っていた＝親切《しんせつ》な人《ひと》＝ ［理由《りゆう》※］

わたしは さくらこうえんで その 人《ひと》に 会《あ》って、②「ありがとうございます。」と 言《い》いました。その 人《ひと》は 「いいえ。」と 言《い》いました。

※ 理由《りゆう》：Reason 原因 lý do

ポイント

・知《し》らない女《おんな》の人《ひと》がスマホを見《み》つけて、待《ま》っていてくれた＝親切《しんせつ》だった

→だから、「わたし」は「ありがとうございます。」と言《い》った

⇓

女《おんな》の人《ひと》が親切《しんせつ》だったから＝**選択肢《せんたくし》4**

・A woman who "I" did not know found "my" phone and waited it for "me" with it = was kind
→ Therefore, "I" said "ありがとうございます。" to her
⇒ Because the woman was kind = Option 4

・陌生人女子发现了"我"的智能手机，一直等"我"。= 很热心
→因此，"我" 说了 "ありがとうございます。"
⇒因为女子很热心＝选项 4

・Một người phụ nữ không quen biết đã tìm thấy điện thoại và ở lại đợi = tốt bụng
→ Cho nên "tôi" đã nói "ありがとうございます。"
⇒ Vì người phụ nữ tốt bụng = lựa chọn 4

もんだい2

問《と》い　**正解《せいかい》 4**

問《と》いの文《ぶん》：その 人《ひと》は だれですか。

・「その人《ひと》」は誰《だれ》を指《さ》しているか、前《まえ》の部分《ぶぶん》から探《さが》しましょう。

・「　」は誰《だれ》が言《い》った言葉《ことば》か注意《ちゅうい》しましょう。

・Start from the preceding section to find out who "その人" refers to. ・Pay attention to who spoke the words in the quotation marks「　」.
・从前面的文章寻找"その人"指的是谁。 ・注意「　」中引用的话语是谁说的。
・Hãy tìm trong phần phía trước xem "その人" là chỉ ai. ・Hãy lưu ý xem「　」là lời nói của ai.

わたしは　友《とも》だちの イさんに　「どうして　この　学校《がっこう》に　入《はい》りましたか。」と
わたし（＝イさん）の

聞《き》きました。イさんは　「この　学校《がっこう》の　先生《せんせい》は　父《ちち》の　友《とも》だちです。その　人《ひと》の

↑この「　」を話《はな》している人《ひと》はイさん

話《はなし》を　聞《き》いて、この　学校《がっこう》に　入《はい》りました。」と　こたえました。

➔ **ポイント**

・「その人《ひと》」＝「父《ちち》の友《とも》だち」

・「父《ちち》」＝イさんのお父《とう》さん

⇓

イさんのお父《とう》さんの友《とも》だち＝**選択肢《せんたくし》4**

・"その人" = "父の友だち"
・"父" = Lee-san's father
⇒ Lee-san's father's friend = Option 4

・"その人" ＝ "父の友だち"
・"父" ＝小李的父亲
⇒小李的父亲的朋友＝选项 4

・"その人" = "父の友だち"
・"父" = cha của Lee
⇒ Là bạn của cha của Lee = lựa chọn 4

❖ 文法《ぶんぽう》・表現《ひょうげん》

◆ A は（B に）「X」と聞《き》く／答《こた》える／言《い》う
（人）　（人）

X は A が（B に）言《い》った言葉《ことば》であることを示《しめ》す

This indicates that X is the words that A said (to B)
表示 X 是 A（对 B）说的话语
Biểu thị rằng X là lời A nói（với B）

「わたし**は**友《とも》だちのイさん**に**『どうしてこの学校《がっこう》に入《はい》りましたか。』**と聞《き》きました。**」

[**A** ＝言《い》った人《ひと》]
The person who spoke
说话的人
người nói

[**X** ＝ A が言《い》った言葉《ことば》]
The words that A spoke
A 说的话语
lời A nói

「イさん**は**『この学校《がっこう》の先生《せんせい》は父《ちち》の友《とも》だちです。……。』**とこたえました。**」

[**A** ＝言《い》った人《ひと》]
The person who spoke
说话的人
người nói

[**X** ＝ A が言《い》った言葉《ことば》]
The words that A spoke
A 说的话语
lời A nói

10 回目 p.30 ～ p.35

もんだい 1

問《と》い　正解《せいかい》　2

問《と》いの文《ぶん》：マリアさんは　17さいの　学生《がくせい》です。5月《がつ》に　11さいの　いもうとと　いっしょに　フラワーこうえんへ　行《い》きたいです。ふたりで　いくら　かかりますか。

➔ さがすもの：① 17歳《さい》、11歳《さい》の二人《ふたり》　②5月《がつ》に行《い》く時《とき》のお金《かね》

What to search for：① Two people aged 17 and 11　② The price when going in May
寻找的信息：①两个人分别是 17 岁、11 岁　② 5 月去公园时的门票费用
Cái sẽ tìm：① 2 người gồm 17 tuổi và 11 tuổi　② giá tiền khi đi vào tháng 5

きれいな　花《はな》を　見《み》に　来《き》ませんか？
4月《がつ》～6月《がつ》、10月《がつ》は　花《はな》が　たくさん　さいて　いますよ。

時間《じかん》：　9：30～17：00
＊15：30までに　入《はい》って　ください。

休《やす》み：　毎週《まいしゅう》　木曜日《もくようび》

かかる　お金《かね》（おとな）：
【11～3月《がつ》、7～9月《がつ》】800円《えん》
【4～6月《がつ》、10月《がつ》】1,200円《えん》
学生《がくせい》（13さい～18さい）は　おとなの　お金《かね》の　半分《はんぶん》です。
子《こ》ども（12さいまで）は　お金《かね》が　かかりません。

＊子《こ》どもは　学生《がくせい》や　おとなと　いっしょに　来《き》て　ください。
＊ペットと　いっしょに　入《はい》らないで　ください。

②5月《がつ》の大人《おとな》のお金《かね》＝1,200円《えん》

The price for an adult in May = 1,200 yen
5 月公园成人门票费用 =1,200 日元
giá vé người lớn vào tháng 5 = 1,200 yen

① 17歳《さい》は大人《おとな》のお金《かね》の半分《はんぶん》
＝ 1,200円《えん》の半分《はんぶん》＝600円《えん》

The price for a 17-year-old is half the price for an adult = half of 1,200 yen = 600 yen
17 岁是成人门票费用的半价 =1,200 日元的一半 =600 日元
17 tuổi là nửa giá người lớn = nửa của 1,200 yen = 600 yen

① 11歳《さい》は0円《えん》

The price for an 11-year-old is 0 yen
11 岁是 0 日元
11 tuổi thì 0 yen

⇓

マリアさん600円《えん》＋妹《いもうと》0円《えん》＝かかるお金《かね》は600円《えん》＝**選択肢《せんたくし》2**

Maria-san（600 yen）+ her younger sister（0 yen）= total price of 600 yen = Option 2
玛丽 600 日元 + 妹妹 0 日元 = 门票费用 600 日元 = 选项 2
Maria 600 yen + em gái 0 yen = số tiền sẽ tốn là 600 yen = lựa chọn 2

もんだい2

問《と》い　　**正解《せいかい》　4**

問《と》いの文《ぶん》：あいさんは　休《やす》みに　りょこうします。よる、ホテルで　ごはんが食《た》べたいです。車《くるま》は　ありません。どの　ホテルが　いいですか。

➔ さがすもの：①夜《よる》、ホテルでご飯《はん》が食《た》べられる　②車《くるま》がなくても行《い》ける

What to search for : ① A hotel where guests can have dinner in the evening　② A hotel that guests can reach without a car
寻找的信息：①晚上在宾馆可以吃饭　②没有汽车也能去
Cái sẽ tìm：① được phục vụ bữa tối tại khách sạn　② không có ô tô vẫn đến được

A ホテル	8,000 円《えん》	あさごはん○（注《ちゅう》1） ばんごはん×（注《ちゅう》2） **パンか　ごはんを　えらんで　ください。**	駅《えき》から　あるいて　3　分《ぷん》で、とても　べんりです。へやに　パソコンが　あります。
B ホテル	7,000 円《えん》	あさごはん× ばんごはん×	駅《えき》から　あるいて　15 分《ぷん》です。へやは　とても　ひろいです。となりは　ゆうめいな　レストランです。
C ホテル	10,000 円《えん》	あさごはん○ ばんごはん○ **やさいが　おいしいです。**	山《やま》の　中《なか》に　あります。駅《えき》は　とおいですから、~~車《くるま》で　来《き》て~~　ください。
D ホテル	9,000 円《えん》	あさごはん○ ばんごはん○ **魚《さかな》が　おいしいです。**	うみの　そばです。駅《えき》から　ホテルまで　べんりな　バスが　あります。

②車《くるま》がなくても行《い》ける
＝Cは×＝A・B・D

A hotel that guests can reach without a car
= Hotel C must be ruled out = A・B・D
没有汽车也能去＝C 不符合条件＝A・B・D
không có ô tô vẫn đến được = C không được = A・B・D

①夜《よる》、ホテルでご飯《はん》が食《た》べられる
＝C・D

A hotel where guests can have dinner in the evening
= C・D
晚上在宾馆可以吃饭＝C・D
được phục vụ bữa tối tại khách sạn = C・D

⇓

①②に合《あ》うホテル＝D ホテル＝**選択肢《せんたくし》4**

Hotel that meets requirements ① and ② = Hotel D = Option 4
符合①②条件的宾馆＝D 宾馆＝选项 4
Khách sạn phù hợp ①② = khách sạn D = lựa chọn 4

11 回目　p.36 ～ p.39

もんだい I

問《と》い　　正解《せいかい》　3

問《と》いの文《ぶん》：トムさんは　しごとの　後《あと》で、コンサートへ　行《い》きたいです。しごとは　毎日《まいにち》午後《ごご》　4時《じ》に　おわります。トムさんの　会社《かいしゃ》は　アカマツ駅《えき》の　ビルの　中《なか》に　あります。お金《かね》は　3,000 円《えん》までが　いいです。トムさんは　どの　コンサートに　行《い》きますか。

➔ さがすもの：①仕事《しごと》の後《あと》で（＝午後《ごご》4時《じ》にアカマツ駅《えき》のビルを出《で》て）、間《ま》に合《あ》う
②3,000 円《えん》まで

What to search for：① A concert hall that Tom-san can reach on time after work (= leaving Akamatsu Station Building at 4 p.m.)
② Maximum fee of 3,000 yen
寻找的信息：①下班后（= 下午 4 点离开赤松站大厦）能赶得上　②不超过 3,000 日元
Cái sẽ tìm：① kịp đi sau giờ làm (= ra khỏi tòa nhà có ga Akamatsu lúc 4 giờ chiều)　② tối đa 3,000 yen

➔ 選択肢《せんたくし》を見《み》て、探《さが》すポイントを絞《しぼ》ろう。

Look at the options and narrow down the points you need to look for.
看选项限定信息检索的条件。
Hãy nhìn các lựa chọn rồi rút ra những điểm sẽ tìm.

選択肢《せんたくし》：

1. A ホールの　1
2. A ホールの　2
3. B ホールの　2
4. C ホールの　2

選択肢《せんたくし》にない B ホールの 1、C ホールの 1 は見《み》なくてもいい

You do not need to look at Hall B 1 and Hall C 1, which are not among the options
选项中没有 B 大厅 1 和 C 大厅 1，所以不用看
Không cần xem 1 của hội trường B và 1 của hội trường C vì chúng không có trong các lựa chọn

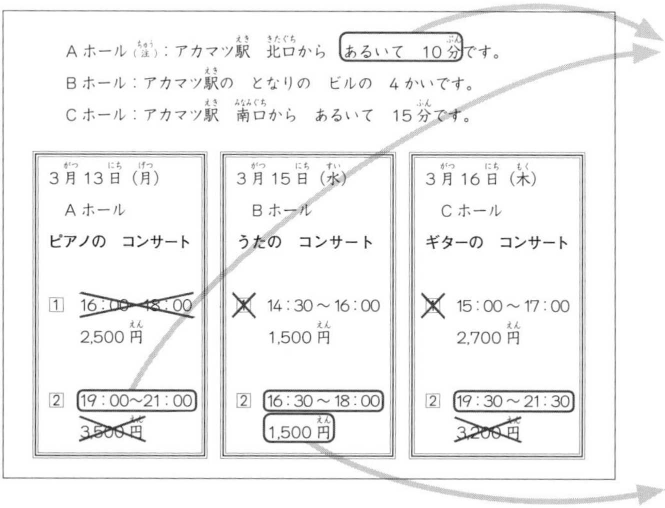

Aホール（注《ちゅう》）：アカマツ駅《えき》　北口《きたぐち》から　あるいて　10分《ぷん》です。
Bホール：アカマツ駅《えき》の　となりの　ビルの　4かいです。
Cホール：アカマツ駅《えき》　南口《みなみぐち》から　あるいて　15分《ふん》です。

3月《がつ》13日《にち》（月《げつ》） Aホール ピアノの　コンサート	3月《がつ》15日《にち》（水《すい》） Bホール うたの　コンサート	3月《がつ》16日《にち》（木《もく》） Cホール ギターの　コンサート
1　16：00～18：00　2,500円《えん》	1　14：30～16：00　1,500円《えん》	1　15：00～17：00　2,700円《えん》
2　19：00～21：00　3,500円《えん》	2　16：30～18：00　1,500円《えん》	2　19：30～21：30　3,200円《えん》

①Aホールは会社《かいしゃ》から10分《ぷん》かかる＝Aホールの1（16：00）には行《い》けない。＝Aホールの2・Bホールの2・Cホールの2

Hall A is 10 minutes away from Tom's office = he can't go to Hall A 1 (16:00) = the possible options are Hall A 2 / Hall B 2 / Hall C 2
从公司到A大厅步行10分钟＝无法去A大厅1（16：00）=A大厅2、B大厅2、C大厅2
Hội trường A cách công ty 10 phút = không đi 1 của hội trường A kịp. = 2 của hội trường A, 2 của hội trường B, 2 của hội trường C

②3,000円《えん》まで＝Bホールの2

Maximum fee of 3,000 yen = Hall B 2
不超过3,000日元=B大厅2
tối đa 3,000 yen = 2 của hội trường B

⇓

①②に合《あ》うコンサート＝Bホールの2＝**選択肢《せんたくし》3**

Concert that meets requirements ① and ② = Hall B 2 = Option 3
符合①②条件的音乐会=B大厅2 = 选项3
Buổi hòa nhạc phù hợp ①② = 2 của hội trường B = lựa chọn 3

もんだい 2

問《と》い　　**正解《せいかい》　1**

問《と》いの文《ぶん》：レオさんは　インターネットで　へやを　さがして　います。
レオさんは　学生《がくせい》で、ほかの　学生《がくせい》と　いっしょに　すみたいです。うるさい　へやは　いやです。駅《えき》まで　あるいて　10分《ぷん》までが　いいです。どうぶつは　きらいです。
レオさんは　どの　へやが　いいですか。

➔ さがすもの：①うるさくない部屋《へや》　②駅《えき》まで歩《ある》いて 10 分《ぷん》　③動物《どうぶつ》がいない

What to search for：① An apartment that is not noisy　② An apartment that is within 10 minutes from the station on foot
③ An apartment without pets
寻找的信息：①不吵闹的房间　②步行到车站不超过 10 分钟　③没有宠物
Cái sẽ tìm：① phòng không ồn　② cách ga 10 phút đi bộ　③ không có thú vật

A：[名前《なまえ》] みょんみょん
[へやの　ばしょ] 川田駅《かわだえき》まで　あるいて　10分《ぷん》です。
へやは　ふるいですが、しずかです。わたしは　くすりの　べんきょうを　して　います。本《ほん》が　すきです。

B：[名前《なまえ》] あらひん
[へやの　ばしょ] 川田駅《かわだえき》まで　あるいて　5分《ぷん》です。
新《あたら》しい　へやです。わたしは　おんがくを　べんきょうして　います。
~~毎日《まいにち》　ギター~~を　ひきます。~~うたも~~　うたいます。

C：[名前《なまえ》] Boss
[へやの　ばしょ] 川田駅《かわだえき》まで　あるいて　10分《ぷん》です。
大《おお》きい　うちです。4人《にん》で　すみたいです。今《いま》　学生《がくせい》が　3人《にん》　います。
~~ねこも~~　2ひき　います。

D：[名前《なまえ》] トカゲ
[へやの　ばしょ] 川田駅《かわだえき》まで　~~バスで　20分《ぷん》~~です。
となりは　大《おお》きな　こうえんで、しずかです。わたしは　木《き》や　花《はな》の　べんきょうを　して　います。

①うるさくない部屋《へや》
＝Bはうるさいので×
＝A・C・D

An apartment that is not noisy = B will be noisy, so it must be ruled out = A・C・D
不吵闹的房间＝ B 很吵闹不符合条件＝ A・C・D
phòng không ồn = B ồn nên không được = A・C・D

③動物《どうぶつ》がいない
＝Cは×
＝A・B・D

An apartment without pets
= C must be ruled out = A・B・D
没有宠物＝ C 不符合条件＝ A・B・D
không có thú vật = C không được = A・B・D

②駅《えき》まで歩《ある》いて 10 分《ぷん》
＝Dは×
＝A・B・C

An apartment that is within 10 minutes from the station on foot = D must be ruled out = A・B・C
步行到车站不超过 10 分钟＝ D 不符合条件
＝ A・B・C
cách ga 10 phút đi bộ = D không được = A・B・C

⇓

①②③に合《あ》う部屋《へや》＝ A ＝**選択肢《せんたくし》 1**

Apartment that meets requirements ①, ② and ③ = A = Option 1
符合①②③条件的房间＝ A ＝选项 1
Phòng phù hợp ①②③ = A = lựa chọn 1

12 回目　p.40 ～ p.43

もんだい 1

問《と》い　正解《せいかい》　2

問《と》いの文《ぶん》：小川《おがわ》さんは　えいがかんへ　えいがを　見《み》に　来《き》ました。えいがで　フランスの　たてものや　町《まち》が　見《み》たいです。今《いま》　午後《ごご》　1時《じ》10分《ぶん》です。午後《ごご》　4時《じ》まで　時間《じかん》が　あります。小川《おがわ》さんは　どの　えいがを　見《み》ますか。

➔ さがすもの：①フランスの建物《たてもの》や町《まち》が見《み》られる
②午後《ごご》1時《じ》10分《ぶん》（13：10）以降《いこう》に始《はじ》まって、午後《ごご》4時《じ》（16：00）までに終《お》わる

What to search for：①A movie with French buildings and towns　②A movie starting after 1:10 p.m.(13:10), and finishing by 4 p.m.(16:00)
寻找的信息：①能够看到法国的建筑和城市　②在下午 1 点 10 分（13：10）以后开始，4 点（16：00）之前结束
Cái sẽ tìm：① thấy được các tòa nhà và đường phố Pháp　② bắt đầu sau 1 giờ 10 phút chiều（13:10）và kết thúc trước 4 giờ chiều（16:00）

えいがの　名前《なまえ》	時間《じかん》	へや	どんな　えいが？
きれいな　花《はな》	① ~~12:00~~-13：10 ② 15：20-~~16:30~~	A	フランスの　山《やま》に　さいて　いる　花《はな》の　えいが
どう　しましょう	13：30-15：00	A	男《おとこ》の　人《ひと》が　フランスの　町《まち》で　いろいろな　人《ひと》に　道《みち》を　聞《き》く　えいが
わたしと　おじいさん	① ~~11:20~~-13：20 ② 15：50-~~17:50~~	B	日本人《にほんじん》の　女《おんな》の　子《こ》が　フランスで　ふしぎな（注《ちゅう》）　おじいさんに　会《あ》う　えいが
あしたは　何曜日《なんようび》？	13：50-15：30	B	日本《にほん》で　フランス語《ご》を　ならって　いる　子《こ》どもの　えいが

①フランスの建物《たてもの》や町《まち》
＝「どうしましょう」
「わたしとおじいさん」

French buildings and towns ＝ “どうしましょう” “わたしとおじいさん”
法国的建筑和城市＝ “どうしましょう” “わたしとおじいさん”
các tòa nhà và đường phố Pháp＝ “どうしましょう” “わたしとおじいさん”

② 13：10 以降《いこう》に始《はじ》まって、16：00 までに終《お》わる
＝「どうしましょう」「あしたは何曜日《なんようび》？」

A movie starting after 13:10, and finishing by 16:00 ＝ “どうしましょう” “あしたは何曜日？”
在 13：10 以后开始，16：00 之前结束＝ “どうしましょう” “あしたは何曜日？”
bắt đầu sau 13:10 và kết thúc trước 16:00＝ “どうしましょう” “あしたは何曜日？”

⇓

①②に合《あ》う映画《えいが》＝「どうしましょう」＝**選択肢《せんたくし》2**

Movie that meets requirements ① and ② ＝ “どうしましょう” ＝ Option 2
符合①②条件的电影＝ “どうしましょう” ＝选项 2
Phim phù hợp ①②＝ “どうしましょう” ＝lựa chọn 2

もんだい 2

問《と》い　**正解《せいかい》　2**

問《と》いの文《ぶん》：30 さいの　ビリーさんは　7さいと　3さいの　子《こ》どもと　いっしょに　Bバスていから　Eバスていまで　バスに　のります。お金《かね》は　三人《さんにん》で　いくら　かかりますか。

➔ さがすもの：① 30 歳《さい》（大人《おとな》）、7 歳《さい》（子《こ》ども）、3 歳《さい》（子《こ》ども）の三人《さんにん》
② B バス停《てい》から E バス停《てい》までの料金《りょうきん》

What to search for：① Fares for three people: a 30-year-old（adult）, a 7-year-old（child）and a 3-year-old（child）
② Fares from Bus Stop B to Bus Stop E
寻找的信息：① 30 岁（成人）、7 岁（儿童）、3 岁（儿童）的三个人　②从 B 车站到 E 车站的费用
Cái sẽ tìm：① 3 người gồm 30 tuổi（người lớn）, 7 tuổi（trẻ em）, 3 tuổi（trẻ em）　② giá tiền đi từ trạm B đến trạm E

かかる　お金《かね》（おとな）

		おりる　バスてい			
		Bバスてい	Cバスてい	Dバスてい	Eバスてい
のる　バスてい	Aバスてい	180 円《えん》	200 円《えん》	220 円《えん》	240 円《えん》
	Bバスてい		180 円《えん》	200 円《えん》	220 円《えん》
	Cバスてい			180 円《えん》	200 円《えん》
	Dバスてい				180 円《えん》

＊のる　バスていの　よこの　れつ（注《ちゅう》）を　見《み》て　ください。
（れい：Aバスていで　のって、Cバスていで　おりる＝200 円《えん》）

① ［大人《おとな》の料金《りょうきん》］

Adult fare
成人的费用
giá vé người lớn

② 「B バス停《てい》から E バス停《てい》まで」
＝220 円《えん》

Fare from Bus Stop B to Bus Stop E = 220 yen
从 B 车站到 E 车站 =220 日元
từ trạm B đến trạm E = 220 yen

かかる　お金《かね》（子《こ》ども）

12 さいから　18 さいまで	おとなと　おなじ
6 さいから　11 さいまで	おとなの　半分《はんぶん》
0 さいから　5 さいまで	おとなと　いっしょの　時《とき》：0 円《えん》 ひとりの　時《とき》：おとなの　半分《はんぶん》

① ［子《こ》どもの料金《りょうきん》］

Child fare
儿童的费用
giá vé trẻ em

7 歳《さい》の子《こ》ども＝大人《おとな》の半分《はんぶん》
＝220 円《えん》の半分《はんぶん》＝110 円《えん》

7-year-old child = half of the adult fare = half of 220 yen = 110 yen
7 岁儿童 = 成人的半价 =220 日元的一半 =110 日元
đứa bé 7 tuổi = nửa giá người lớn = nửa của 220 yen = 110 yen

3 歳《さい》の子《こ》ども＝0 円《えん》

3-year-old child = 0 yen
3 岁儿童 =0 日元
đứa bé 3 tuổi = 0 yen

⇓

30 歳《さい》（大人《おとな》）＋7 歳《さい》（子《こ》ども）＋3 歳《さい》（子《こ》ども）
＝220 円《えん》＋110 円《えん》＋0 円《えん》＝330 円《えん》＝**選択肢《せんたくし》2**

30-year-old（adult）+ 7-year-old（child）+ 3-year-old (child) = 220 yen + 110 yen + 0 yen = 330 yen = Option 2
30 岁（成人）+7 岁（儿童）+3 岁（儿童）=220 日元 +110 日元 +0 日元 =330 日元 = 选项 2
30 tuổi（người lớn）+ 7 tuổi（trẻ em）+ 3 tuổi（trẻ em）= 220 yen + 110 yen + 0 yen = 330 yen = lựa chọn 2

模擬試験《もぎしけん》　p.46 ～ p.51

もんだい１　（１）[１] 2　（２）[２] 1

もんだい２　[３] 4　[４] 1

もんだい３　[５] 3